"十二五"国家重点图书出版规划项目

中国史话

文化系列

布朗族史话

A Brief History of the Blang Ethnic Group

郗春嫒　主编

社会科学文献出版社
SOCIAL SCIENCES ACADEMIC PRESS (CHINA)

《中国史话》编辑委员会

主　　任　陈奎元

副 主 任　武　寅　高　翔　晋保平　谢寿光

委　　员　（以姓氏笔画为序）
　　　　　卜宪群　马　敏　王　正　王　巍
　　　　　王子今　王建朗　邓小南　付崇兰
　　　　　刘庆柱　刘跃进　孙家洲　李国强
　　　　　张国刚　张顺洪　张海鹏　陈支平
　　　　　陈春声　陈祖武　陈谦平　林甘泉
　　　　　卓新平　耿云志　徐思彦　高世瑜
　　　　　黄朴民　康保成

秘 书 长　胡鹏光　杨　群

副秘书长　宋月华　薛增朝　袁清湘　谢　安

总　序

中国是一个有着悠久文化历史的古老国度，从传说中的三皇五帝到中华人民共和国的建立，生活在这片土地上的人们从来都没有停止过探寻、创造的脚步。长沙马王堆出土的轻若烟雾、薄如蝉翼的素纱衣向世人昭示着古人在丝绸纺织、制作方面所达到的高度；敦煌莫高窟近五百个洞窟中的两千多尊彩塑雕像和大量的彩绘壁画又向世人显示了古人在雕塑和绘画方面所取得的成绩；还有青铜器、唐三彩、园林建筑、宫殿建筑，以及书法、诗歌、茶道、中医等物质与非物质文化遗产，它们无不向世人展示了中华五千年文化的灿烂与辉煌，展示了中国这一古老国度的魅力与绚烂。这是一份宝贵的遗产，值得我们每一位炎黄子孙珍视。

历史不会永远眷顾任何一个民族或一个国家，当世界进入近代之时，曾经一千多年雄踞世界发展高峰的古老中国，从巅峰跌落。1840年鸦片战争的炮声打破了清帝国"天朝上国"的迷梦，从此中国沦为被列强宰割的羔羊。一个个不平等条约的签订，不仅使中国大量的白银外流，更使中国的领土一步步被列强侵占，国库亏空，民不聊生。东方古国曾经拥有的辉煌，也随着西方列强坚船利炮的轰击而烟消云散，中国一步步堕入了半殖民地的深渊。不甘屈服的中国人民也由此开始了救国救民、富国图强的抗争之路。从洋务运动到维新变法，从太平天国到辛亥革命，从五四运动到中国共产党领导的新民主主义革命，中国人民屡败屡战，终于认识到了"只有社会主义才能救中国，只有社会主义才能发展中国"这一道理。中国共产党领导中国人民推倒三座大山，建立了新中国，从此饱受屈辱与蹂躏的中国人民站起来了。古老的中国焕发出新的生机与活力，摆脱了任人宰割与欺侮的历史，屹立于世界民族之林。每一位中华儿女应当了解中华民族数千年的文明史，也应当牢记鸦片战争以来一百多年民族屈辱的历史。

当我们步入全球化大潮的21世纪，信息技术革命迅猛发展，地区之间的交流壁垒被互联网之类的新兴交流工具所打破，世界的多元性展示在世人面前。世界上任何一个区域都不可避免地存在着两种以上文化的交汇与碰撞，但不可否认的是，近些年来，随着市场经济的大潮，西方文化扑面而来，有些人唯西方为时尚，把民族的传统丢在一边。大批年轻人甚至比西方人还热衷于圣诞节、情人节与洋快餐，对我国各民族的重大节日以及中国历史的基本知识却茫然无知，这是中华民族实现复兴大业中的重大忧患。

中国之所以为中国，中华民族之所以历数千年而不分离，根基就在于五千年来一脉相传的中华文明。如果丢弃了千百年来一脉相承的文化，任凭外来文化随意浸染，很难设想13亿中国人到哪里去寻找民族向心力和凝聚力。在推进社会主义现代化、实现民族复兴的伟大事业中，大力弘扬优秀的中华民族文化和民族精神，弘扬中华文化的爱国主义传统和民族自尊意识，在建设中国特色社会主义的进程中，构建具有中国特色的文化价值体系，光大中华民族的优秀传统文化是一件任重而道远的事业。

当前，我国进入了经济体制深刻变革、社会结构深刻变动、利益格局深刻调整、思想观念深刻变化的新的历史时期。面对新的历史任务和来自各方的新挑战，全党和全国人民都需要学习和把握社会主义核心价值体系，进一步形成全社会共同的理想信念和道德规范，打牢全党全国各族人民团结奋斗的思想道德基础，形成全民族奋发向上的精神力量，这是我们建设社会主义和谐社会的思想保证。中国社会科学院作为国家社会科学研究的机构，有责任为此作出贡献。我们在编写出版《中华文明史话》与《百年中国史话》的基础上，组织院内外各研究领域的专家，融合近年来的最新研究，编辑出版大型历史知识系列丛书——《中国史话》，其目的就在于为广大人民群众尤其是青少年提供一套较为完整、准确地介绍中国历史和传统文化的普及类系列丛书，从而使生活在信息时代的人们尤其是青少年能够了解自己祖先的历史，在东西南北文化的交流中由知己到知彼，善于取人之长补己之短，在中国与世界各国愈来愈深的文化交融中，保持自己的本色与特色，将中华民族自强不息、厚德载物的精神永远发扬下去。

《中国史话》系列丛书首批计200种，每种10万字左右，主要从政治、经济、文化、军事、哲学、艺术、科技、饮食、服饰、交通、建筑等各个方面介绍了从古至今数千年来中华文明发展和变迁的历史。这些历史不仅展现了中华五千年文化的辉煌，展现了先民的智慧与创造精神，而且展现了中国人民的不屈与抗争精神。我们衷心地希望这套普及历史知识的丛书对广大人民群众进一步了解中华民族的优秀文化传统，增强民族自尊心和自豪感发挥应有的作用，鼓舞广大人民群众特别是新一代的劳动者和建设者在建设中国特色社会主义的道路上不断阔步前进，为我们祖国美好的未来贡献更大的力量。

陈奎元

2011年4月

出版说明

自古至今，始终坚持不懈地从漫长的文明进程中不断总结历史经验教训，从中汲取有益营养，从而培植广阔的历史视野，并具有浓厚的历史意识，这是我们中国文化独有的鲜明特征，中华民族亦因此而以悠久的"重史"传统著称于世。在整个人类文明史上独一无二、系统完备的"二十四史"即证明了这一点。

中华人民共和国成立后，历史知识普及工作被放到十分重要的位置。20世纪五六十年代，著名历史学家吴晗主持编写的《中国历史小丛书》，90年代中国社会科学院院长胡绳组织编写的《中华文明史话》和《百年中国史话》，成为"大家小书"的典范，而后两套历史知识普及丛书正是《中国史话》之缘起。

2010年年初，为切实贯彻中央关于"做好历史知识普及工作"的指示精神，同时也为了更好地弘扬中国传统文化，我们对《中华文明史话》和《百年中国史话》

两套丛书的内容进行了修订和增补,重新设计框架,以"中国史话"为丛书名出版。第十一届全国政协副主席、时任中国社会科学院院长陈奎元亲任《中国史话》一期编委会主任,时任中国社会科学院副院长武寅任编委会副主任。正是有了各级领导的关心支持和诸多学术名家的积极参与,《中国史话》一期200种图书得以顺利出版,并广受好评。

《中国史话》丛书的诞生,为历史知识普及传播途径的发展成熟,提供了一种卓具新意的形式。这种形式具有以通俗表述、适中篇幅和专题形式展现可靠历史知识的特征。通俗、可靠、适中、专题,是史话作品缺一不可的要素,也是区别于其他所有研究专著、稗官野史、小说演义类历史读物的独有特征。

囿于当时条件,《中国史话》一期的出版形式不尽如人意,其内容更有可以拓展的广阔空间,为此2013年4月我们启动了《中国史话》二期出版工作。《中国史话》二期分为经济、政治、文化、社会和生态五大系列,拟对中国各区域、各行业、各民族等的发展历史予以全方位介绍。我们并将在适当时机,启动《世界史话》的出版工作。史话总规模将达数千种。

我们愿携手海内外专家学者,将《中国史话》《世界史话》打造成以现代意识展现全部人类历史和人类文明,集学术性、知识性、趣味性于一体的"万有文库"；并将承载如此丰厚内容的史话体写作与出版努力锻造成新时期独具特色的出版形态。

希望史话丛书能在形塑民族历史记忆、汲取人类文明精华、培育现代国民方面有所贡献，并为广大读者所喜爱。

史话编辑部
2014年6月

目 录
Contents

序 ………………………………………………………… 1

一 历史源流与人口分布 …………………………………… 1
  1. 神话传说 …………………………………………… 1
  2. 史料记载 …………………………………………… 7
  3. 人口分布 …………………………………………… 12

二 生计方式与衣食住行 …………………………………… 20
  1. 狩猎与采集 ………………………………………… 20
  2. 制茶与纺织 ………………………………………… 25
  3. 服饰与美食 ………………………………………… 35
  4. 民居与出行 ………………………………………… 44

三 宗教信仰与风俗习惯 …… 49
1. 原始宗教 …… 49
2. 佛教信仰 …… 58
3. 节日庆典 …… 65
4. 日常礼俗 …… 79

四 文学艺术与传承教育 …… 97
1. 民间文学 …… 97
2. 蜂桶鼓舞 …… 105
3. 布朗弹唱 …… 110
4. 传承教育 …… 111

五 古迹胜景与风云人物 …… 119
1. 遗址文物 …… 119
2. 人文景观 …… 123
3. 历史人物 …… 129
4. 当代精英 …… 133

主要参考文献 …… 143

后　记 …… 146

序

在云南省西部及西南部沿边地区居住着历史悠久、勤劳善良的布朗族。根据中华人民共和国国家统计局统计数据，截至2014年年底，全国布朗族总人口为136782人，属于人口较少民族（据《扶持人口较少民族发展规划（2011～2015年）》规定，全国总人口30万以下民族属于人口较少民族）。我国的布朗族主要聚居于西双版纳傣族自治州勐海县的布朗山、西定、巴达、打洛、勐满、勐岗等乡镇，少量散居在双江、保山、施甸、昌宁、云县、镇康、永德、耿马、澜沧、墨江等市县，此外，景东、景谷、思茅、景洪、勐腊、南涧等市县的山区亦有少量分布。

布朗族的先民在先秦时为百濮的一支，汉晋时称濮，唐宋时称朴子蛮，元明清时称蒲蛮。中华人民共和国成立前，居住在西双版纳的布朗族自称"布朗"或"巴朗"，临沧市和保山市的布朗族自称"乌",墨江、双江、云县、耿马等地的布朗族自称"阿瓦"或"瓦",澜沧县文东乡的布朗族自称"翁拱",镇康、景东的布朗族自称"乌"或"乌人",思茅的布朗族自称"本族",中华人民共和国成立后统称为"布朗族"。

布朗语属于南亚语系孟高棉语族布朗语支,可分为布朗和阿尔瓦两种方言。除使用本民族的语言外,一部分人会讲傣语、佤族语和汉语及其他杂居民族的语言。布朗族没有本民族文字,多数人信仰南传上座部佛教,许多地区尚保留原始宗教,崇拜祖先图腾。

我国的布朗族多居住在滇西南澜沧江和怒江中下游两侧低纬度高海拔的半山区。一般分布在北纬25°以南的北回归线附近,处于海拔1500～2300米的山岳地带。受印度洋暖湿气流和西南季风影响,气候随地势高低呈垂直变化,兼具温带、亚热带、热带等多种气候类型,而在同一地区高山河谷之间又形成独特的"立体气候"。

布朗族地区独特的自然环境,为动植物提供了良好的栖息、生长条件。在原始森林里生长着云杉、松、柏、香樟树、桉树等优质木材树种以及紫胶虫寄主植物、橡胶、各种竹类、柑橘类等经济林木;盛产野三七、龙胆草、麝香、鹿茸、贝母、何首乌、灵芝、三棵针、仙鹤草、茯苓等珍贵药用植物;雷九菌、灵芝菌等食用菌和胡椒、砂仁、草果等药材香料植物也是布朗族地区的特产。充足的雨量、温热的气候,使布朗族地区盛产热带、亚热带、温带的各种水果,如芒果、菠萝蜜、芭蕉、绣球果、香瓜、番石榴、番木瓜等,此外,还有橄榄、多依、鸡嗉子果等野生水果。布朗族山区的地下还蕴藏着丰富的矿产资源，如金、银、铜、铁、煤、云母、大理石等。在莽莽的原始森林里栖息着金钱豹、云豹、绿孔雀、白鹇、原鸡、白腹锦鸡、红腹锦鸡、蜂猴、犀鸟等珍禽异兽。其中属于云南省一类保护动物的就有蜂猴、金钱豹、云豹、犀鸟等。

布朗族以种植旱稻、水稻、玉米、小麦为主，豆类、荞、土豆、芋头次之；经济作物有茶叶、棉花、甘蔗、烟叶、麻类及各种蔬菜。自古以来，茶叶就是布朗族先民栽培的著名物产，布朗族所居之地是云南大叶种茶叶的主产区。时至今日，布朗族地区仍是"普洱茶""勐库茶"的主要原料产地之一。

新中国成立前，布朗族地区社会发展很不平衡，大体可分为两类地区：西双版纳勐海布朗山、西定和巴达一带保留着不同程度的原始公社残余；临沧和思茅地区受汉族和其他经济、文化发展较快的民族的影响，已进入封建地主经济发展阶段。

新中国成立后，布朗族地区发生了深刻的变化，布朗族人逐步开垦水田，兴修水利，变刀耕火种为精耕细作，变垦新弃旧为固定轮作，农业生产得到迅速发展。布朗族地区的文教卫生事业也有了很大发展，普遍建立了小学，设立了卫生所及其他公共设施，群众的健康状况大为改善，生活水平得以提高。

一　历史源流与人口分布

1 神话传说

　　神话是人类文化史上最光辉的一页。各族先民以某种特定的心理状态及思维方式将自己所感知的外部世界及自身活动，通过心智加工创造了神话。它给后人留下了生存智慧、创造能力以及各族先民思想及生活的某些特征，因而成了一笔极其珍贵的文化遗产，同时，各族先民通过神话透视出来的强烈的好奇心和求知欲，一直激励着人类去探索未知世界。一般而言，神话主要是原始氏族社会及阶级社会初期这一历史阶段的产物，是各族先民心目中的世界象征性建构。神话既体现了各族先民对现实世界的原始理解，又成为各族先民的心理状态、思维模式与认知系统的表征；神话既是各族先民生命崇拜、生命圈崇拜、生命生生不息崇拜的产物，又是建构、维系现存宇宙秩序的依据和保障。神话传说本身并不是历史，但它产生于古代人类的物质活动,是前人生产关系和生活状况的折光投影,是人类思想朴素的、自然的形式之一。我国各民族都有关于人类起源及早期历史的优美神话传说,这些神话传说反映出一个民族的文化心理和群体性信仰。布朗族也不例外,虽然各地关于本民族起源的神话传说说法不一,但总体反映了布朗族先民们对宇宙间的天地演变、人类起源的朴素认识,从这些神话中也可以略探布朗族历史源流。《中国各民族人类起源神话母题概览》一书中提到26个布朗族人类起源神话母题。其中《神人顾米亚》《兄妹成婚衍人类》《葫芦的故事》《削木成人》《岩布林戛·伊梯林戛》等广为流传。

在关于布朗族来源的神话传说中,《神人顾米亚》详细地描写了古昔无万物,唯有黑沉沉的云雾随处飘忽,神巨人顾米亚与其12子立志开天辟地,创造万物。他和他的孩子们找到一头与云为友、与雾为伴的犀牛,便剥下犀牛皮做天,剐下犀牛肉做成地,挖下犀牛的眼睛做成星星,把犀牛骨变成石头,犀牛血变成水,犀牛骨髓变成鸟、兽、鱼,把犀牛毛变成各种花草树木,再用犀牛的腿撑着天,找来鳌鱼托着地。天和地形成了,万物生长着,世间呈现出一派生机勃勃的景象。太阳九姐妹与月亮十兄弟嫉妒顾米亚之功,乃齐发出暴热之光,草木枯萎,岩石熔化,许多动物都受其害。顾米亚大怒,箭无虚发,一气射下数个太阳和月亮,满空血雨如注。所剩一日一月慌忙逃窜,顾米亚一箭射伤月亮,从此月亮只有光而无热。自此太阳和月亮不敢复出,大地黑暗,人皆以为苦。顾米亚请百鸟百兽去请太阳,鸟类由公鸡率领,兽类由野猪统率,前往太阳、月亮所藏之洞。在顾米亚和百兽百鸟的恳求下,又有公鸡做保证,太阳和月亮才答应出来。大家又按顾米亚的盼咐,要求它们一个在白天出来,一个在晚上出来,月初和月末的晚上,在石洞相会。太阳是个年轻的媳妇,胆子小,晚上害怕,让她白天出来,可她白天又害羞,月亮就送她一包绣花针,告诉她,谁要望她一眼,就用针刺谁的眼睛……于是大地又恢复了光明和温暖,万物生长,百鸟飞来歌唱,百兽出来奔跑,男人耕田犁地,妇女来纺织,年轻人弹起动听的弦琴。

双江布朗族关于人类起源的传说是《兄妹成婚衍人类》。很久以前,世界上万物都有灵性,人类能与所有生物对话交流。有一年不知何故,天神只给了大地很少的雨水,而且天空还出现了7个太阳。可想而知大地多么干旱难耐,地上万物奄奄一息,面临死亡威胁。一天,所有的物种聚集在一起共商大计,讨论如何对付眼前这个天降大灾,最后推举出本事最大的白猴王到天上去找天神。白猴王到了天宫,看见天宫歌舞升平,天王沉溺于酒色,整天纵情享乐,各路天神玩忽职守,布雨小神昏昏欲睡,忘了按时向人间布雨。白猴王见此情景怒火中烧,见到桌上放着一口盛满人间急需雨水的天缸,冲过去把桌子掀翻,于是缸内天水全部倾入人间,整个世界变成了一片汪洋,人类遭遇了巨大洪灾。过了很久,天王才知晓人间劫难,便命一天神到地球上寻找能拯救人类的幸存者。天神询问老虎和黄蜂,它们都回答说如果见到人类就要吃了他们,因为自己正饿得慌。天神很生气,咒骂了它们。后来一只蜜蜂带着天神找到了一对奄奄一息的兄妹。天神很高兴,让蜜蜂永远与人类相伴，并让人类敬仰蜜蜂。因而，今天的布朗族人崇拜和敬仰蜜蜂，蜂蜡是布朗族的神圣物。兄妹被天神救活后，装入葫芦，然后漂到了今天人们居住的地方。后老鼠把葫芦啃开，兄妹俩钻了出来，天神以天意为由希望他们结为夫妻以繁衍人类，但兄妹坚决不同意。妹妹说如果把一副磨盘合在一起从山顶滚到山脚还在一起，她就相信是天意。结果磨盘从头至尾都合在一起。兄妹结婚后不久生出一个怪胎，天神用剑剁碎这无头无脸的怪物并洒向大地，就变成了成千上万的不会说话的幼儿。天神让兄妹教他们说话，但人太多，兄妹俩教不过来，于是就让他们去模仿大自然的各种声音，这样就有了今天世界上各种民族的语言。

双江布朗族神话传说：人是由天上漏下来的。当时是四兄弟，后来天神在鼓凳上显现文字说：佤族是老大，布朗和拉祜是老二（双生子），汉族是老三，傣族是老四。因为佤族、布朗族、拉祜族是哥哥，应该让弟弟过得好些，便让傣族、汉族弟弟到坝区去住。所以布朗族、佤族、拉祜族就住在山里。

施甸布朗族关于人类起源的传说是《葫芦的故事》。很久以前，人类遭遇特大洪灾，只有一对兄妹被父母放入牛皮鼓中得以存活。天庭的神帝看到漂到天庭门口的牛皮鼓，便用牛皮鞭向四面八方抽打，使地球表面形成了凹凸不平的山川，洪水由高到低顺势而流。洪水退去后，牛皮鼓漂到了地球上，一位神仙打开牛皮鼓让兄妹俩钻了出来。为了让地球上有人类繁衍，神仙打算让兄妹成婚，但如何说服他俩呢？神仙让兄妹俩各背一块石磨，沿东西方向登上山顶，然后同时将石磨滚下山底，如果两盘石磨能够合在一起，则是天意让他们兄妹成婚繁衍后代。结果，滚到山底的石磨紧紧地合在了一起。兄妹成婚后生下了一个葫芦，打开葫芦后，许多人钻了出来，先出来的是"本人"，即布朗族。

《削木成人》讲述了远古时候，有一男子睡觉时用树干当枕头，怎么也睡不着。他爬起来将树干砍成方形枕头，还是睡不着。他又把方枕头砍成圆枕，同样睡不着。他干脆起来削木头玩耍，把木头砍成人形，有眼、耳、鼻、口、手、脚。削着削着，他便倚着木人睡着了。等他醒来时，只见木头人已变成一个真正的女子，与他同眠，后来二人即结为夫妻。不久它们生育了子女，人口逐渐繁衍，形成了今天的布朗族。

《岩布林戛·伊梯林戛》传说：在远古时候，曾经有两个动物出来创造人类，先造出一男一女，男的叫岩布林戛，女的叫伊梯林戛。因为是兄妹，他俩不能成亲，可世上又找不到其他人可以婚配。于是妹妹就叫哥哥猜谜，妹妹对哥哥说："请你猜一猜，两样东西合起来会有什么结果？"哥哥猜道："你说的可能是太阳吧。"妹妹说："不是，太阳会落下山。"哥哥猜道："可能是月亮吧。"妹妹说："不是，月亮还会缺。"哥哥又猜是水、是石头，都不对。他们边走边说，不觉来到一棵树下，忽见两只鸟在交配，哥哥恍然大悟，连忙道："哈！你叫我猜的是这两只鸟吧。"妹妹说："对啦，对啦，让我们就像这两只鸟吧。"于是他俩就结婚了，后来生下八男八女。这八男八女相配，又生下一些孩子。还不够，又用泥巴捏成人形放在野外，但没有嘴巴，他们又给泥人做嘴巴，于是泥人都变成了真正的人。这些人就是布朗族和其他各民族的祖先。

《帕雅英与十二瓦席》讲述了宇宙神派月亮女神帮助儿子帕雅英创造人类的故事。宇宙神给了他们一把刀和一个水瓶。月亮女神和帕雅英按照宇宙神的指示砍倒81棵大树，削成360对男女人像，放在陆地上，把水滴在人像身上。七天七夜后木人成了有生命的人。又过了七天七夜，帕雅英赋予他们智慧和热情，月亮女神给了他们善良和情爱。从此，他们会思考、有爱心，结成夫妻，生儿育女。

在《云南少数民族文学资料》第一辑中还讲述了昔有大葫芦，内盛多人，天鹅啄开葫芦口，人从中出来，成为布朗族、傣族等的神话故事。

以上似乎有点荒诞离奇的传说，虽然故事情节不尽相同，但有几个关键要素是一致的：由于某种原因（洪水、油火、罕见冰雪等），世间一切人类均被毁灭，仅剩下兄妹（或姐弟）两人。为了重新繁衍人类，兄妹俩意欲结为夫妻，但疑惑这样做是否合适。他们用占卜的办法来决定。如果种种不可思议的事情（滚磨、合烟、追赶、穿针等）发生，他们将结为夫妻。上述事情果真发生，于是他们结婚。夫妻生育了正常或异常的胎儿（如肉球、葫芦、磨刀石等），繁衍了新的人类（切碎或者打开怪胎，怪胎变成人类或者怪胎中走出人类）。这个传说与南方许多民族如拉祜族、德昂族等民族关于人类起源的传说有许多相同的要素，其中葫芦及兄妹成婚是许多类似传说的共同母题，映射了布朗族与其他民族之间的文化联系，同时兄妹成婚也反映了布朗族先民在历史上曾经历过血缘婚时代，并反映了今天的人类拥有共同祖先的朴素观点。

2　史料记载

布朗族有文献可考的历史是从汉代开始。布朗族的祖先，古称"哀牢人"。方国瑜先生认为"大抵永昌郡的记录，凡称濮与哀牢没有分别"。学术界目前普遍认同"哀牢人"与"濮人"其实就是同一个族属。其先民"百濮族"族群的有关社会活动在早一些汉文献中就有零星记载。《逸周书·王会解》中记载：伊尹受（汤）命，于是为四方令曰："臣请……正南瓯邓、桂国、损子、产里、百濮、九菌，请令以珠玑、玳瑁、象齿、文犀、翠羽、菌鹤、短狗为献……"

据汉文献记载，约公元 1 世纪（东汉时期），布朗族的先民（濮人）便居住在今天的保山、永平、施甸一带。根据《华阳国志》记载，永昌地区以濮人为主；《古今注》记载，永昌地区以哀牢人为主；而董难《百濮考》有大量的条文记载，"哀牢，即永昌的濮人"。中国古文献中记载的濮人，其分布地域十分广阔，在西南、汉江之南、楚西南均有分布。《尚书·牧誓》中记载武王伐纣时，参加周武王军队的西南诸部落即有"庸、蜀、羌、髳、微、卢、彭、濮人"。

秦时期，楚国西南的众多部落被称为"濮"或"百濮"。这个地区包括江汉之南至今广西、云南、贵州、四川等省区。

不过,"这里所说的江汉以南之濮、巴蜀之濮和黔西南等地之濮与前述的永昌之濮不能混为一谈"。因为从语言方面考察,大量的史料证明,以上濮人均属于百越族系,永昌濮属于孟高棉族系,二者都称为"濮",实属语言发音"布""濮"互转所致。只有发源并长期生活在澜沧江和怒江流域（古永昌境内）的古代孟高棉系濮人才是布朗族的祖先。永昌系古哀牢国的故地,永昌之"濮人"是古哀牢国的主要居民。东汉永平十二年（69）,朝廷在哀牢区设置了永昌郡,统辖现今保山市和德宏傣族景颇族自治州全境,临沧市、普洱市、西双版纳傣族自治州、大理白族自治州部分地区。《永昌郡传》（蜀汉至西晋）记载："郡西南千五百里徼外有尾濮。"中央王朝势力的渗入带来中原文化的同时也引起了诸多社会问题,这使"濮人"的社会结构随着时代的发展发生了分化。

隋唐时期,"濮人"逐渐分化为"朴子蛮""望蛮""望苴子蛮""茫蛮"几个族群。经考证,"朴子蛮"即为今天的布朗族；"望蛮"或称"望苴子蛮"为今天的佤族；而"茫蛮"则为今天的德昂族。据《蛮书》记载"朴子蛮勇悍矫捷,以青娑罗段为通身袴,善用泊箕竹弓,深林间飞鼠,发无不中,部落首领谓酋为上,土无食器,以芭蕉叶藉之,开南、银生、永昌、寻传四处皆有,铁桥西北延澜沧江亦有部落"。这里所说的开南、银生两节度辖境相当于景东以南至西双版纳傣族自治州一带地区；永昌节度辖境包括今之保山市、临沧市和德宏傣族景颇族自治州,以及怒江上游及其以西一带直至中甸。这说明,到隋唐时期,上至中甸、维西,下至西双版纳傣族自治州都有布朗族先民"朴子蛮"的分布。唐代时期，澜沧江以西，族种纷繁，据《新唐书·南蛮传下》载："三濮者，在云南徼外千五百里，有文面濮，俗镂面，以青涅之。赤口濮，裸身而折齿，剿其唇使赤。黑僰濮，山居如人，以幅布为裙，贯头而系之，丈夫衣縠皮，多白蹄牛、虎魄。龙朔中，遣使与千支弗、磨腊同朝贡。"这里指的"三濮"是澜沧江以西，今澜沧、勐海、双江、凤庆等地的"朴子蛮"。《太平御览》卷791引郭义恭《广志》说："赤口濮，在永昌南，其俗，折其齿，剿其唇使赤"，"折腰濮，其俗，生子皆折其腰"，从这里看，族种是按濮人的风尚和特点来区分的。

宋代大理国兴起之后，原"朴子蛮"居住的部分地区慢慢被势力逐渐壮大的傣族先民"金齿白夷"所占据。《元史·地理志》记载："开南州……其川分十二甸，昔朴、和泥二蛮所居也……至蒙氏（南诏）兴，立银生府（应为开南府），后为金齿、白蛮所陷，移府治于威楚（今楚雄），开南遂为生蛮所据。"又说："威远州（今景谷、镇远），州在开南州西南，其川有六，昔扑、和泥二蛮所居。至蒙氏兴，开威楚为郡，而州境始通，其后金齿、白夷蛮酋阿只步等夺其地。"

元明时期，布朗族先民"朴子蛮"又演变成"蒲蛮""蒲人"，主要分布在澜沧江以西。元代李京《云南志略》说："蒲蛮……在澜沧江迆西……"《滇略》卷9记载说："蒲人……永昌凤溪、施甸二长官司及十五喧三十八寨皆其种也。……皆勤力，耐劳苦，事耕锄，所种荞麦、棉花、黑豆。知汉语，通贸易。"说明澜沧江以西永昌府附近及永昌凤溪、施甸二长官司的一部分"蒲人"，与汉人有较多来往，有些人已经汉化了。但大部分山居"蒲人"生活还很原始。据李京《云南志略·蒲蛮风俗记》一条记载："蒲蛮，一名朴子蛮，在澜沧江以西。性勇捷，骑马不用鞍，跣足，衣短甲，膝胫皆露，善用枪弩，首插雉尾，驰突如飞"，"持木弓以御强暴，不事农亩，入山林采草木及动物而食，食无器皿，依芭蕉叶借之"。由此可知，当时澜沧江以西山区的"蒲人"多以狩猎为生存方式，还未从事农业。

明代，蒲人的分布与元代基本一致。明初在顺宁设置土知府，《明史·云南土司传》记载："洪武十五年（1382）顺宁归附，以土酋阿悦贡署府事，十七年（1384）命阿日贡为顺宁知府。"景泰《云南图经志书·顺宁府》记载："境内对蒲蛮，男子椎髻跣足，妇女绾髻于脑后。见人无拜礼，但屈膝而已。不知节序，不奉佛教，惟信巫鬼……好斗轻生，兵不离身。"又载："蒲蛮，男子以布二幅缝为一衣，中开一孔，从首套下，富者以红黑丝间其缝……两臂露出。夜寐无床席，惟以衣蒙首，拳曲而卧。妇人用红黑线织成一幅为衣，如僧人袈裟之状……下无裹衣，用布一幅，或黑或白，缠蔽其体，腰系海巴，手戴铜钏，耳有重环。凡饮食不用箸，惟以手捻。"景泰《云南图经志书·永昌府》记载："蒲蛮，一名蒲（朴）子蛮，其衣食好尚与顺宁府者同。居澜沧江以西者，性勇健，髻插弩箭，兵不离身，以采猎为务……跣足，驰走如飞……有战斗，杀犬分肉为令，击木为号，讲和则斫牛为誓，刻木为信。争酋长位，则父子兄弟相攻，邻里不救，受贿乃救。"这部分"朴子蛮"内部的阶级分化还未出现，他们仍然过着"以采猎为生"的生活。到了万历二十四年（1596），顺宁"改土归流"，引发"十三寨蒲蛮"反抗，而后惨遭镇压，"蒲蛮"大量外迁，与其他民族交流互动日益增多，社会经济文化有了较大发展。《云南通志·永昌府·风俗》（明万历年间）载："蒲蛮……今近城居者，咸慕汉俗，而吉凶之礼，多变其旧。"天启《滇志》卷30载："蒲人……纯朴务农。"

　　清代的史籍对当时濮人的生活习俗和居住地域的记载则更为详尽。王菘《云南通志》曾记载："散居山林，居有定址，若易置地他处即不能居。"他们基本结束了原始的游猎生涯，开始刀耕火种的生活。康熙《顺宁府志》卷1载："蒲蛮一种，男女色黑……耳带大银环……刀耕火种，方言味离，不解汉语。四时庆吊，大小男女皆聚，吹芦笙，作孔雀舞，踏歌顿足之声震地，尽欢而罢。"康熙《永昌府志·种人》也有记载："蒲人，即古百濮……本在永昌西南徼外，讹濮为蒲。有因以名其地者，入蒲缥，蒲甘之类是也……男裹红布于头，腰系青绿小绦绳，多为贵，贱者则无，衣花套长衣，膝下系黑藤。妇人挽髻脑后，戴青绿珠，以花布围腰为裙，上系海贝十数围，系莎罗布于肩上，永昌凤溪、施甸及十五喧二十八寨皆其种。勤耕种，徒跣登山，疾逾飞鸟，今渐弱而贫。其流入新……"雍正《顺宁府志》卷9载："（蒲蛮）男女色黑……

穿麻布衣,女子用青布裹头,戴箨帽,耳带大银环或铜圈。方音味离,不解汉语……无祝寿礼,彼云记死不记生,故问之白发,年岁率多不知,惟记忆某年见某事……则他人可得而逆数之矣。恒居,刀耕火种,好渔猎,住山寨茅屋中。"雍正《景东府志》卷3载:"蒲蛮,男女体貌深黑。居深山,衣服婚丧如白罗罗。女织棉布。惟沿江一带有此种。"道光《普洱府志》卷18载:"蒲蛮,有名蒲人,宁洱、思茅、威远有之……男穿青蓝布短衣裤,女穿麻布短衣,蓝布筒裙,以水蚌壳钉其上,名为海巴。散处山林,居有定址,若易置他处,即不能居。常耕种为业,剥蕉心煮食以当菜蔬。"《云县志·蒲蛮篇》记载:"数百年来,逐渐汉化,已无明显之特征矣。"乾隆《腾越州志》卷11说:"蒲人,散居山后,永昌以西所在多有,知汉语,通贸易。"《皇清职贡图》说"常负米入市,供赋税。"《顺宁郡志余钞》则说:"蒲人,平居刀耕火种,住山寨茅屋中,畏官守法,输纳以时。"可见清代分布和现在大体一致。

中华人民共和国成立前夕,各地布朗族都有自己的称谓;中华人民共和国成立后,党和政府遵从大多数人的意见,统称他们为布朗族。

3 人口分布

布朗族有文献可考的历史是从汉代开始。东汉时期,在今德宏傣族景颇族自治州和大理白族自治州南部设置博南(今大理白族自治州永平县)、不韦（今保山市施甸县)、嶲唐（今保山市）等县，居住有"哀牢"人。而董难《百濮考》记载，哀牢即永昌的濮人，从而得出结论说："永昌濮族亦称哀牢。"

古代永昌郡范围内的濮人，由于分布地域广阔，所处的环境不同，其社会发展很不平衡。分布在城镇附近和交通便利的部分濮人，逐渐融合于周围先进民族中，而另一部分自汉代以来很长一段时期仍然处于十分落后的狩猎和采集经济阶段。由于这种狩猎和采集经济的不稳定，濮人的迁徙活动甚为频繁。此外，统治阶级的压迫政策，也引起部分濮人的迁移。

东汉永元十二年（100），汉帝在哀牢区设置了永昌郡，统辖现今的德宏傣族景颇族自治州、临沧地区及大理白族自治州南部各县境。其统治和压迫日益加深，引起濮人部落武装反抗。后来昆明人首领卤承率兵为东汉王朝效劳，打败了濮人，迫使部分濮人南迁。封建统治者还用行政手段强迫另一部分濮人迁移。

到了西晋惠帝元康末期，在所谓"南夷作乱"的相互混战中，永昌濮人又有一部分向南移至永寿。

唐代后，布朗族先民——濮（朴）子蛮的分布，"开南、银生、永昌、寻传四处皆有，铁桥西北边延澜沧江亦有部落"。到了唐代，上至今中甸维西，下至今西双版纳都有布朗族先民。南诏奴隶制国家，曾经强征其统辖区域内的诸落后部落人民。《蛮书》卷4就描述了当时被南诏驱赶上战场的

"朴"人被唐朝军队俘虏后的情况。

宋代,大理国兴起,基本上继承了南诏时期的统治范围。在今景东、景谷、镇远等地,原是"朴"(布朗族)与"和尼"(哈尼族)所杂居,后来部分地区曾被"金齿白夷"(傣族)占据。

元明时期,布朗族先民主要分布在澜沧江以西,包括顺宁(今凤庆)、永昌以及今西双版纳一带,景东、景谷仍有少数分布。

明代,濮人的分布与元代基本一致。中央封建王朝进一步加强了对濮人地区的统治和联系。明洪武年间复设顺宁土知府,为濮人的一个主要聚居区。明代中叶以后,在永昌府属境之凤溪、施甸二长官司司辖地及西北部的十五喧二十八寨(今保山西北)是"蒲人"的一个聚居区,《滇略》卷9记载:"蒲人,散居山谷,无定所,永昌凤溪、施甸二长官司及十五喧二十八寨皆其种也……"在永昌南部之右甸亦有"蒲人"居住,《明宣宗实录》卷66记载:"宣德五年(1430)五月丁巳,云南右甸生蒲头目莽寒遣叔阿类来朝贡马。……莽寒等感悦,以所属五千户向化"。

清代,濮人的分布区域与明代无甚差异,与现在也大体一致。道光《云南通志》载:"蒲人,即蒲蛮。今顺宁、澄江、镇源、普洱、楚雄、永昌、景东七府有此种。"可见,到清代时已经基本形成了今天布朗族的分布格局。所不同的只是经过数百年的发展变化,又有一部分濮人从中分化出去,发展成今天的德昂族。还有一部分濮人则在与其他民族的杂居共处中,逐渐被其他民族所同化，融和于其他民族之中，其经济生活状况已经和当地的汉族相同。

在漫长的发展过程中，最初是由于自然灾害，后来是由于民族纷争及民族压迫的影响，布朗族先民不断发生迁移、分化。为了生存，他们不断改变居住地。为了避免战乱，他们逐渐从坝区退居到山区。到了近代，随着社会生产水平的提高，他们逐渐适应这种居住环境并基本固定下来。清代，今天布朗族的分布格局已经基本形成。

中华人民共和国成立后，能够得到的最早关于布朗族人口统计资料的是1953年，当时布朗族仅有18833人。到了1990年，就增加至81876人。据2000年人口普查数据，我国布朗族总人口为91882人。据2010年人口普查数据，我国布朗族总人口为119639人，居于云南省的有116573人，主要分布在云南省西部及西南部沿边地区。据中华人民共和国国家统计局统计数据，截至2014年年底，全国布朗族总人口有136782人，其中西双版纳傣族自治州勐海县的布朗山布朗族乡是我国布朗族最大的聚居区，约占布朗族总人口的65%。其余散居于双江、隆阳、施甸、昌宁、云县、镇康、永德、耿马、澜沧、墨江等县（区），此外，南涧、景东、景谷、景洪、勐腊等县（市）的山区亦有少量分布。主要聚居区的布朗族长期以来和哈尼族、拉祜族、佤族相邻，散居的布朗族与汉、傣、哈尼、拉祜等族杂居。他们与杂居民族友好相处、共同发展。

布朗族人口择年统计

年度	人口（人）	备注
1953	18833	1953～1990年，年增长率在4%以上
1963	39407	
1982	58328	
1990	81876	
1995	85000	1995～2000年，年增长率为3.8%
2000	91882	
2010	119639	2010～2014年，年增长率为8%
2014	136782	

数据来源：（1）陶玉明：《中国布朗族》，宁夏人民出版社，2011；（2）http：//data.stats.gov.cn/search.htm？s=%E5%B8%83%E6%9C%97%E6%97%8F%E4%BA%BA%E5%8F%A3。

新中国成立后，布朗族人口增长速度极快。据1990年第四次人口普查资料，1953年、1963年、1982年、1990年布朗族人口占云南省总人口数的比重分别是0.11%、0.19%、0.18%、0.22%，1990年的人口所占比重是1953年的2倍。1982～1990年，共增加了23548人，增长了40.37%。

布朗族人口的迅速增长，除了自然增长外，社会增长即民族成分的恢复和更改也是一个主要因素：临沧市将1952年归为满族但自称是"蒲满""蒲人"的1257人恢复为布朗族；西双版纳自治州在1982年将自称"昆格人""空格人"的1656人归属为布朗族；施甸县1987年将原定为佤族的6500多人恢复为布朗族。2009年3月，经民委批准，西双版纳克木人（3000多人）、红河莽人（681人）归属布朗族。这些举措是使布朗族人口在这几年内呈快速增长之势的主要原因之一。

经济的发展、社会的进步也是布朗族人口逐年增长的主要原因。由于经济增长、社会进步，人们战胜自然灾害及疾病的能力大大提高，传统中靠神灵来获得健康的途径已逐渐被现代医疗手段所取代，布朗族的健康状况大大改善，人口素质及数量都有了较大提高。

布朗族人口分布情况（1995）

地州	主要分布市县	人口（人）
西双版纳傣族自治州	勐海	27755
	景洪	4834
临沧地区	双江	11725
	永德	6521
	云县	5744
	耿马	3041
思茅地区（现普洱）	澜沧	6503
保山	施甸	6018

数据来源：郗春嫒：《社会变迁与文化传承》，社会科学文献出版社，2013。

布朗族在全国的31个省、自治区、直辖市中均有分布，但主要集中聚居在云南省，大约占布朗族总人口的99%。

云南省布朗族主要分布在西双版纳傣族自治州、临沧地区、思茅地区及保山地区，散居于全国75个县，总体上呈现大杂居、小聚居的格局。

云南省西双版纳傣族自治州布朗族人口的分布状况。西双版纳傣族自治州勐海县是全国布朗族人口分布最多的区域，大约占全国布朗族人口的33%。布朗族主要分布在布朗山布朗族乡、打洛镇、勐满镇、勐遮镇、西定乡、勐往乡和勐混镇，其他乡镇也有少量分布。

云南省临沧市布朗族人口分布状况。临沧市布朗族主要分布在双江拉祜族佤族布朗族傣族自治县。该县布朗族人口数仅次于勐海县，大约占全国布朗族人口的14%。主要分布在邦丙乡的17个自然村，大文乡的12个自然村，勐库镇的3个自然村，沙河乡的3个自然村，其他乡镇也有少量分布。除了双江拉祜族佤族布朗族傣族自治县之外，临沧市的永德县、云县、耿马傣族佤族自治县、临沧县、镇康县、凤庆县等均有分布。

云南省保山市布朗族人口分布状况。保山市的布朗族主要分布在施甸县的木老元布朗族彝族乡和摆榔彝族布朗族乡；其次是昌宁县。

云南省普洱市布朗族人口分布状况。普洱市布朗族主要聚居在澜沧拉祜族自治县、墨江哈尼族自治县和景谷傣族彝族自治县及思茅地区。

历史上布朗族颠沛流离，历经战乱而不断迁徙，逐渐形成了现在的分布特点。一是居住地多为山区半山区的偏僻地带。这主要是布朗族先民为躲避各种战乱而不断搬迁，经历了从坝区到山区的空间大转移，造成了目前布朗族的居住格局。二是与其他民族交错聚居，形成大杂居、小聚居格局。在大的范围内，布朗族的居住比较分散，仅云南省内就有近20个县都有分布。这些地区的布朗族长期以来与哈尼族、佤族、汉族、傣族、彝族、拉祜族等人民友好相处，共同发展。但在局部地区内，布朗族聚居的程度很高，比如西双版纳的布朗山，临沧的双江拉祜族佤族布朗族傣族自治县（该县是唯一把布朗族列在县名中的民族自治县）等。这些聚居地主要以自然村为单位，一般85%以上都是布朗族。布朗族的这种大杂居、小聚居的分布格局有利于布朗族传统文化的保护和传承。

二　生计方式与衣食住行

1　狩猎与采集

布朗族多居住在山区，这里气候温和、雨量充沛，十分有利于植物生长，所以，"靠山吃山"是山地民族生存的一大特点。布朗族有着长期的采集和狩猎历史，他们认为"万物有灵"，多以村头的古树木作为"神灵"象征。像其他山地民族一样，得天独厚的地理环境以及丰富的自然资源，尤其是广袤的森林资源，使布朗族在适应自然并能从自然环境中获得生存的过程中，逐渐形成了采集、渔猎和刀耕火种的生存方式，并形成了稳定的生产风俗文化。直至今天，虽然现代农业已逐步建立，但是某些地区在20世纪70年代以前，刀耕火种依然较为盛行，采集和渔猎仍然是布朗族人维持日常生活的补充手段。过去，布朗族的刀耕火种创造出人随地走、地随山转的轮耕法。在严格的规划下，一般把村寨的土地划分为若干片，实行有序的轮垦，使地力得到休息，避免毫无节制地砍树烧山，从而保证了刀耕火种农业的正常进行。

历史上，布朗族经济主要以农业为主。新中国成立前，社会经济发展比较迟缓，生产力水平十分低下，很多地方甚至还处于"刀耕火种"的原始农业阶段，几乎没有固定耕作的水田，农作物产量极低。新中国成立以来，随着农村经济合作组织的建立，布朗族群众改变了传统的刀耕火种的生产方式，学会耕作固定耕地，逐渐减少刀耕火种的土地面积。进入20世纪70年代中后期，布朗族基本上告别了刀耕火种的传统耕种方式，在固定耕地上获得了稳定的粮食来源。改革开放以来，布朗族地区逐渐实行了联产承包责任制，各级党委和政府组织科技人员上山，大力推广运用农业科学技术发展生产，使用化肥、进行病虫害防治，粮食产量普遍提高。

狩猎

压木是居于山地的民族捕野兽的一种方法，过去，西双版纳的布朗族大都采用这种独特的狩猎方法。压木有大有小，对付小动物的压木，是由有凹槽和一定重量的木棒组成。猎人在这些动物必经的地方放置压木，压木的凹槽中段处挖一个小孔，装上机关，机关与牵绳相连，绳的一端悬起木楔上的木棒。只要有动物踩上机关，牵动绳子，木棒就落下击中它。

对付熊、虎、鹿等大野兽，所用的压木往往是一根几个人才能抬起的大木头。只是压木所压的范围始终有限，所以，需要人为地先把周围的道路封住，仅留下一条通往压木的道口。

捕压大兽的压木机关很重要，布朗族使用双柱支撑压木，用木销将支撑柱稳住。一旦机关被踩中，木销就会脱出，导致支撑柱跌落，压木随即坠下击中野兽。布朗族在野兽留有足迹的村外建造两米高的正方体木笼，如闪笼状，牢牢固定于原地，选一面开一道门，并做好关门的机关，然后在木笼里挂上一只兔子或小狗作诱物。深夜或者凌晨，饥饿的老虎、豹子就要到村寨里觅食，当野兽嗅到食物所在，便会贸然闯入木笼抓捕诱物。只要它的身子进了木笼扑逮诱物，就会碰触木门机关，"咔嚓"一声木门砸下来，就将野兽紧紧地关在木笼里了。

森林中的动物不分大小，大象、野牛、蛤蟆、竹鼠等都是布朗族崇拜的对象，其中的一些动物甚至被认为是本氏族祖先的亲族，代表着祖先的灵魂，对它们既不能侵犯，更不能伤害。即使布朗族在过去擅长狩猎，但对被当作动物神的大象、野牛也从不捕杀，这非常有益于珍稀野生动物的生存和繁衍。

采集

布朗族的纺织用棉全为自己种植，所种植的棉花，一般为一年生草本棉。布朗族种植草棉的历史悠久，布朗山区所处的地理位置，气候温暖，极其适宜性喜温暖、砂壤土的草棉生长，因此在历史上双江南部及西南部一带是当地棉花的主产区，曾有过大量种植棉花的记载。据民国早期双江人彭桂萼所著《双江一瞥》记载，双江物产"有茶、棉、甘蔗、麻、烟、鸦片、兰、竹、藤篾、子埂、菜子……而最多者为茶，每年出产在万担以上，产于西北两区，为双江最大产物；其次为棉，产于小黑江边南黑弄、猛峨等处，每年也有五六千斤之数"。

"棉,产于小黑江边猛峨、南黑弄等处,蒸草棉,年出子花五六十担。"由此可见,猛峨、南黑弄等地区所产之棉,曾经是双江除茶以外的主要外销物品之一,大多是销往近邻缅宁(今临沧)一带。《双江拉祜族佤族布朗族傣族自治县志》也记载:"布朗族、佤族善于种植草本棉,随陆稻同期直播,同时收获,产量很低。1954 年棉花种植达 2205 亩,除满足本县自用外,销往景谷、澜沧、临沧、博尚。"

布朗族在长期种植草棉的历史中,形成了较为成熟的植棉技术与农耕礼俗。

植棉技术

第一是选地。布朗族对种植草棉的旱地选择十分讲究,一般要选择土层厚、质地肥沃、阳光充足、地块较干的土地。村民认为种植草棉的地块不能在上一年种过棉,要一年换种一块。除了不能选择复种之地外,最好是选择新开垦尚未种植过的土地,也就是生地,因为生地草、虫、病害比熟地少,营养足,棉花长得好。但是随着"退耕还林"政策的实施,要选择新开耕地显然已不可能,只能在已有耕地的范围内逐年换种,这就降低了棉花的产量,从而增加了种棉的投入。

第二是整地。种棉地选好后,要先将地里的杂草收拾干净,还要尽可能地多弄些草、树枝覆盖其上,待其干燥以后再点火烧成灰肥。播种之前两个月左右开始挖地,挖地时要尽量把地里的土圪垯敲碎,以便日后撒种。挖好的地大约要晒一个月。在播撒棉籽之前还要把已挖好晒干的土再翻一遍,土要敲得很细很细,还要把石头、树枝、树根都拣干净。棉地忌用牛犁，只能用锄头翻土。

　　第三是撒种。棉地整好后，约在农历三月清明节过后就可以开始撒种。把握好撒种节令十分重要，假如错过节令，棉苗不出或出得不好，则会导致当年棉花减产。布朗族中流传着"三月（农历）棉花四月豆，五月撒麻喂斑鸠"的农谚。意味着种棉要在撒谷种之前，布朗族习惯"先撒棉籽后撒谷""先种棉花后栽秧"。撒种时棉籽不能深埋，撒入土里后薄薄盖上一层土就行，而且棉地不套种其他植物。

　　第四是除草松根。棉籽入土后半月左右就出苗，待苗长到一尺高时就要开始除草松根，当地称为薅草。薅草十分重要，给棉花薅草不能用大的农具，例如大锄等，只能用特制的如同手掌般的小锄。因为用大锄给棉花除草松根，容易伤到棉花的根。除草松根时，要用这种特制的小锄一株一株地仔细锄或铲，甚至用手拔除。除草次数视棉地情况不等，一般在收摘之前至少要除草3~4次，生地草出得少一些，2~3次即可。给棉花除草松根费时又麻烦，十分累人，因此，现在棉花种植得较少。近年来，随着家中年轻人外出，劳动力减少，既要种粮又要植棉，对于许多家庭来说实在忙不过来，因此许多人家都减少了种棉面积。

　　第五是摘桃。在棉苗生长期间，要经过3~4次除草松根，如果风调雨顺，在农历八月左右棉苗就开花结桃了。九十月份就可以陆续采摘了，一般要摘2~3次才能完全摘完。摘完以后，棉秆就留在地里做肥料。

农耕礼俗

男耕女织是农耕时代布朗族的生活写照。耕地的犁铧和织布的腰机是布朗族人家必备的生产、生活工具。犁铧和腰机陪伴了布朗族人几个世纪,直到今天人们都还在使用。在生产方面,同家族人员之间借种土地不用报酬,只要口头说一声就行。没有种子,也互相赠送。在生产过程中,如砍地、薅草、割谷、脱粒等,家庭成员之间多实行不计报酬的互相换工。一家有事,全寨相帮,完全自愿,不要报酬,并且助工者会自带饭食,主人不需铺张,这种习俗至今还是如此。"请工"会被认为是小气。平时猎获野兽,除交头人一腿之外,亦要分送一块给家族成员表示"骨肉至亲"。

2 制茶与纺织

制茶

布朗族和佤族以及德昂族,共同发源于古代的"百蒲"部落,在唐朝的时候叫作"蒲子蛮",宋朝叫作"蒲人"或"朴人"。布朗族人口稀少,长期与其他少数民族杂居,如傣族、哈尼族等,其文化和宗教信仰也在一定程度上受到杂居少数民族的同化和影响,故一直以来未被人注意。事实上,布朗族一直是独立的民族。在与其他民族的杂居中,布朗族接受了其他民族的仪式、民俗乃至宗教信仰,然而布朗族的精魂——茶,却是始终如一的。其他民族称布朗族为"腊",

"腊"在布朗语里是"茶"的意思。这个民族从诞生之日起,就跟茶结下了不解之缘,茶贯穿于布朗族的衣食住行、婚丧嫁娶、宗教礼俗的方方面面。学术界也证实了布朗族是世界上最早种植茶树的民族之一,有"古老茶农"之称。千百年来,布朗族一直保留着种茶、饮茶的传统习俗,他们每迁徙到一个地方,一般都会在那里种下茶树,开始新的生活。因此,有布朗族寨子或曾经有过布朗族寨子的地方,其附近几乎都有古茶树。在著名的南糯山古茶园,最早种茶的是布朗族。在布朗山、西定、巴达和打洛等地,最早种茶的也是布朗族。

布朗族茶园

布朗族不仅擅长种茶,还擅长制茶,其中普洱茶就是布朗族所制茶中最为著名的一种。

二　生计方式与衣食住行　　27

传统的普洱茶主要由茶号茶庄的作坊制作加工。清代至民国时期传统普洱茶的加工逐渐成熟完善，形成了普洱茶独特的加工制作风格。而如今民间传统普洱散茶以云南大叶种茶树鲜叶为原料加工制作而成，布朗族茶农家家户户可加工制作。自采集鲜茶叶始，普洱茶的民间加工方式可分为杀青、揉捻、晒干、渥堆、晾干、筛分6个工序。

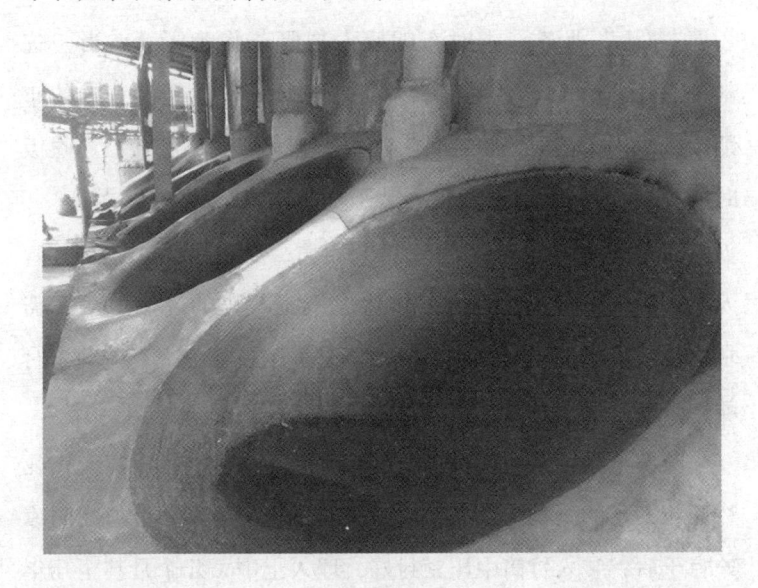

布朗族制茶灶

经过以上6个工序，普洱茶初具形态，再依老嫩程度可划分为10个品级，或经紧压做成饼茶、沱茶、方茶或砖茶。而我们大家最常见到的普洱茶饼，就是普洱紧压茶中的饼茶。布朗族还能自制具有本民族特色的"竹筒子茶"。先把粗竹子砍成一个个竹节筒，将新采摘下来的茶叶炒熟，趁热装进竹筒塞紧，用芦叶密封好，并用藤条扎紧，放在火塘边烘烤，去掉它的水气,等到竹节表皮烤焦的时候,就制成了竹筒子茶。其被储存数年也不会变味。这种茶喝起来香味极浓,布朗族人常将之作为送礼佳品。

布朗族不但擅长制茶,也是饮茶、吃茶的专家。布朗族享用茶的方法非常丰富,如"得责"生茶、生嚼茶、酸茶、喃咪茶、烤茶等。

"得责"生茶 古时布朗族人把野茶作为野菜,当"佐料"食用,称为吃"得责"生茶。至今澜沧景迈、芒景的布朗族人上山干活时,也会带上冷饭、腌菜、辣椒和盐巴,吃饭时摘一把"得责",蘸盐巴、辣子吃。

生嚼茶 随着布朗族人对"得责"野生茶认识的加深,人们开始人工种植,野生茶转化成人工栽培的"腊"后,需求量也大大增加。布朗族人便把茶采下来带在身上,劳动累时就把茶放到嘴里含着,借以消除劳累。

酸茶 布朗语叫"缅",是布朗族自食、招待贵客或作礼物互相馈赠的一种腌菜茶。制酸茶时先将鲜叶蒸熟,放在阴凉处晾干后,装入竹筒中压紧封好,埋入土中,几个月甚至几年后,遇上喜庆之事或客人来访时,将竹筒挖出,取出茶叶拌上辣椒,撒上盐巴来款待宾客,也可以直接嚼食。布朗族吃酸茶的习俗非常古朴,一般早、晚各吃一次。在家中燃起火塘,焖上一锅饭,烧上一些辣椒,男女老少围坐在一起。吃饭时,他们从竹筒中取出酸茶,放入口中,慢慢嚼食,边吃边唠家常。这种酸茶具有解渴、提神、健身和消除疲劳等功效,是勤劳的布朗族人的美食与保健食品。

布朗族酸茶

喃咪茶　喃咪是西双版纳各民族皆爱食用的一种酱，一般用菜花沤制而成，食用前拌入辣椒、花椒、蒜和芫荽等佐料，即成一碗风味独特的酱，用各种生菜蘸食，也可直接佐餐。喃咪茶也就是蘸喃咪吃的茶，是打洛等地的布朗族人以茶当菜的一种吃法，就是将新发的茶叶，即一芽二叶采下，放入沸水中稍烫片刻，以减少苦涩味，再蘸喃咪吃。新鲜茶叶也可不用沸水烫，直接蘸喃咪吃。

烤茶　布朗族把茶摘回来，用锅炒，手揉，阳光晒干后，把茶放入小茶罐中，在柴火上烤香，然后放水熬成茶汤来喝。饮用烤茶后眼睛明亮，头脑清醒。

青竹茶　布朗族擅长煮青竹茶。布朗族的青竹茶，是一种简便实用又特殊的饮茶方法。一般在出远门或野外劳作时采用此方法。其做法十分简便,基本上都是就地取材,砍伐碗口粗的鲜竹筒为煮茶工具。竹筒注入山泉后放于火堆上烧烤,等水煮沸后放入茶叶,煮成茶汤后倒入短小的饮茶竹筒内饮用。青竹茶兼有茶香和青竹香,香醇爽口,饮后回味无穷。饮青竹茶,一般常在吃过竹筒饭和烤肉后饮用,具有浓郁的地方特色。

布朗族不但制茶、吃茶,也敬茶。茶在布朗族的生活中有着崇高的地位,在婚丧嫁娶及其他重要仪式中扮演着不可或缺的角色。布朗人爱茶、敬茶、敬畏自然,他们相信万物有灵,正是他们对世间万物的尊重,才使千年茶园常绿,实现了人与自然的和谐共存。

纺织

布朗族及其先民濮人有着悠久的纺织历史,并在长期的纺织历史中形成了源远流长的纺织文化。布朗族的传统纺织技术十分高超,在历史上享有盛誉。布朗族的服装多是自制的土布做成的,以蓝、黑两色为主。其纺织原料是自种的棉花、苎麻和葛线麻等。用棉花和苎麻可以纺织成土布,用苎麻和葛线麻可缝麻袋或挂包。布朗族的纺织技术起源甚早。千年以前的汉文史籍中就有濮人以木棉织布的记载。《广志》说:"木棉濮,土有木棉。""黑僰濮,出桐华布。"《华阳国志·南中志》永昌郡条说:"有梧桐木,其花柔如丝,民绩以为布,幅广五尺,洁白不受污,俗名曰桐华布。"西汉初年,这种用木棉纺织的布曾被蜀商大量运往关中一带销售,属当时的上等纺织品,备受世人的青睐,以至于规定了它的交换价格,说明当时濮人的纺织手工业发展水平已经很高。明清时代,康熙《楚雄府志》卷1说:"蒲蛮,山居火种,妇人织火麻布为生。"乾隆《景东直隶厅志》卷3载:"蒲蛮,女织棉布。"又据道光《普洱府志》卷18:"黑濮,宁洱有之……颇知纺织。"这些史料说明了布朗族先民的纺织历史久远,曾经拥有杰出的纺织技术,有过著名的"桐华布和兰干细布"以及独具特色的牛肚被。今天,在布朗族地区,仍可以见到一些妇女沿袭祖传的纺织技术,精心制作布料和手工艺品的情形。布朗族妇女善于纺织,她们多在闲暇时间进行。纺织原料有棉花、苎麻和葛线麻等数种,以纺织棉布为主。这些布用来缝制上衣、筒裙、背带、布袋等。纺织品种有斜纹布、平布和彩锦,布的质地厚实耐穿,深受本族人喜爱。

　　布朗族是心灵手巧的民族,这反映在他们精湛的纺织技术中。在布朗族文化中,纺织文化是最为传统和核心的组成部分。在云南省双江拉祜族佤族布朗族傣族自治县邦丙乡的邦丙村现在仍保留着自唐宋时期就有的较高水平的纺织工艺。走进这个地处大山的布朗族村寨,即可发现,至今大多数家庭还保留着整套性能齐全的老式纺织工具:轧棉机、纺线机、织布机。今天他们依然保留着自己种棉花、自己纺线织布、自己制作衣装被服的生活方式。尽管现代文明已悄然"侵袭"着这个古老的村庄,但这里的布朗族人依旧精心呵护着千百年来流传下来的传统文化。现如今这种原始的木制系腰织机在邦丙乡大南直村大概尚存30台,由此折射出典型的男耕女织农耕文化的悠久历史,承载着布朗族先民们艰辛劳作、夜以继日付出汗水的轨迹。现在的布朗族村寨,仍然流传着"不会纺线织布的女人不是好女人,不会纺线织布的女人找不到好男人"的古训说法。

　　布朗族的纺织机有腰织机和水平织机两种。腰织机是自制的,结构简单,由织篾、梭筒、腰带、木砍刀(即挡纱板)、竹筒、竹棍等组成。纺织方法也很容易掌握,前边用一根粗细适中、约1.6米的竹筒横拴在两根柱子上,将纱线叠成双层,在此筒上滑动,作为经线。靠近织布人的一端也有一个较细的竹筒,把纱线绷紧拴在腰部,经线的中央夹层还安置一个小竹筒和竹棍,用来上下分纱。妇女坐在小矮凳上,双足向前方蹬紧,然后用左右手来回地将细竹棍引线穿纱,同时还要用双手操纵挡纱板不断地把纬线挡紧。一个技术娴熟的妇女,若是一天不停地织,能织出0.3米宽、2.5米长的白布。织出的布可用来缝制上衣、筒裙、包头巾、背小孩的背带、裹足布等。纺织品种有斜纹布、平布和彩锦。如将棉线染成红线、黑线、蓝线,可以织成各种条纹花布,美观大方,深受群众喜爱,也是布朗族人缝制筒裙的好衣料。近代,布朗族妇女从傣族那里学会了使用水平织机,纺织技术有了进一步发展。至今,在双江布朗族村寨里,家家户户都有老式的压棉机、纺线机和织布机。双江布朗族妇女善织的"葛布"和"阿娃毯",远近闻名。但近十年来,由于价廉物美、品种齐全的化纤纺织品大量充斥市场,传统的纺织技术受到了冲击,一些布朗族妇女已经不再纺纱织布。

　　布朗族染色工艺具有悠久的历史,他们独特的染色技术在我国民族染织业中独树一帜。布朗族的印染技术比较单一,所使用的染色原料是自家栽种的"蓝靛"和各种野生植物。根据所需颜色采用不同的植物,如染蓝色取自"蓝靛",染黄色取自

"黄花"汁。制作靛墨的程序是用水把蓝靛的叶、茎泡化,捞去渣滓待其沉淀。染布时,再配上一种树皮,一起置于铁锅中熬成蓝汁,然后将白线或白布放入锅中,反复熬煮几次即成蓝线或蓝布。

布朗族不仅能用蓝靛染布,而且懂得用"梅树"的皮熬成红汁染成红色,用"黄花"的根,经石碓舂碎,用水泡数日得黄汁染成黄色等,其色彩具有大自然之风韵,耐洗不褪。

布朗族纺织可算纺织文化的"活化石"。据资料记载,布朗族在唐宋时期就有较高水平的纺织技艺,至今,双江的布朗族仍完整地保留着传统的纺织工艺,他们自种棉花,用传统工艺纺纱、纺线、织布、染色,自制独具民族特色的衣服、被褥,其中布朗族的"牛肚被"堪称民间纺织技艺一绝。在布朗族纺织中,最能体现织手技艺高低的要数织制历史上称"榻布",现在叫作"牛肚被"的织品了。"牛肚被"是布朗族自己织制的被服,因结构像牛肚(牛胃)一样外滑内绒而得名。此被全用棉线织成,盖在身上柔软而暖和,且结实耐用。织制一块牛肚被需花费织手的很长时间和很多精力,还需要织者心灵手巧,因此,现在会织牛肚被的人越来越少。据说现在这一门技艺在别的地方已失传,只有双江邦丙一带的布朗族还保存着,成为双江一绝。目前还存在于邦丙乡大南直村的布朗族纺织工艺精品中的牛肚被,它有里、外两层,做工细致而繁杂,织一张牛肚被需要15～30天的时间,其制作程序分为轧棉花、弹棉花、搓棉条、纺棉线、绕棉线、煮棉线、圈棉线、拉棉线、织棉线9个程序。从地里收回棉花,用自制的压棉机去掉棉籽(轧棉花);把经脱籽后的棉花用羊弦弹之,使其变软、变松，同时达到去除灰尘的目的（弹棉花）；将弹好的棉花用木棒或稍粗的筷子将棉花搓成花条，以便纺线（搓棉条）；将搓好的棉花条在纺线车上纺成一根根细线（纺棉线）；然后将线拉成同样长的经线（绕棉线）；为了保持棉线的硬度和牢固性，将绕成经线的棉线在装有小红米或苞谷的大锅中煮沸，经过漂洗后晒干（煮棉线）；为使棉线不打死结，方便操作，用纺线车将棉线绕成团（圈棉线）；用拉线车将绕成团的棉线固定在纺线车上（拉棉线）；从绕线架拉出的若干股经线端用一块宽约5厘米的布带子固定，系在织布机手的腰上，当右脚踩下踏板，经线交错变换一次位置，纬线左右穿一次，线梳前后拉一次，一面用粗棉起绒，一面平织，如此循环反复，纯白的纯棉牛肚被就织成了。古时牛肚被用来保暖，冬暖夏凉，越洗越白，对人体十分有益，现在却成了珍品。许多外国友人也深深地被布朗族特有的纺织品牛肚被所吸引并赞不绝口。

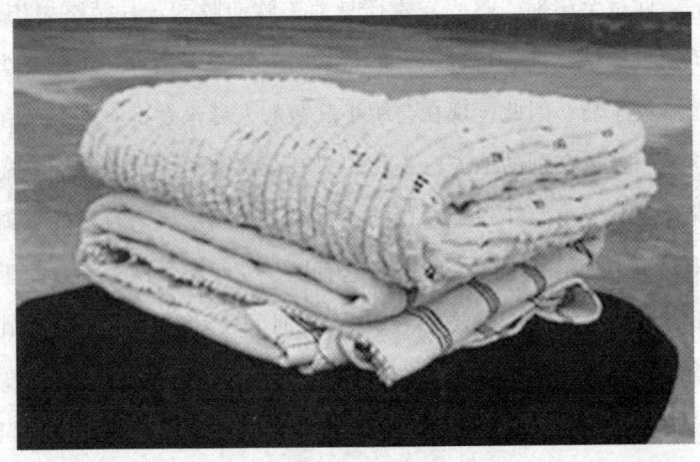

布朗族牛肚被

3 服饰与美食

服饰

唐宋时期,布朗族就有编织、纺织技艺,染色工艺水平也较高。布朗族妇女织的"青婆罗缎"为澜沧江两岸群众所喜爱。而怒江两岸的布朗族先民用木棉纺织的"桐华布"则以洁白柔软闻名。明清以后,布朗族男女皆束发为髻。妇女着花短衫,下身着黑色长裙;小腿扎数道藤篾条制成的黑藤圈;头戴篾帽,双耳戴大银环或铜圈,手戴铜镯,用蓝色或绿色的珠串套在脖子上,而项链则挂满五色烧珠与海贝,长达脐部。临沧一带布朗族男装简陋,衣衫仅两块布缝合而成,衣无襟无袖,两臂裸露于外。现代布朗族的服饰,其形式基本相同,但也略有一些差异。临沧、思茅地区布朗人的服饰,男子穿黑色大面襟短上衣,下穿肥大长裤,头缠青色或黑色包头,有的还戴手镯,赤足。妇女头缠一丈多长的青布包头。施甸县妇女还把包头折叠成三角形,接近额头处系着用线串成的各色玻璃珠,上身穿蓝布高领大襟上衣,领边绣以花纹,左襟镶有三条各色花纹,袖口用红、黑、绿色布条镶边,上衣外还套一件对襟短褂,钉上15对或20对布纽扣。妇女下身着筒裙,腰间拴腰带,小腿缠护腿布,戴银环和银手镯,牙齿染成黑色,赤中。西双版纳地区的布朗族男子,上身穿黑色或青色圆领长袖对襟短衫,胸前用布纽扣,下身着黑色宽裆裤,头缠白色、黑色或青色包头巾,普遍还有文身的习俗；女子下穿黑色筒裙，裙上部织有红、白、黑三色线条，也有的年轻姑娘着白、红、绿等色上衣，小腿缠白色护腿布，头裹黑色、青色包头巾，耳戴银耳环，下垂至肩，手戴银手镯。年轻妇女喜欢佩戴各色玻璃珠，牙齿染成黑色，以黑为美。

施甸布朗族服饰

布朗族的服饰文化别具一格。生活于群山和森林之中的布朗族，以其独特的方式装扮自己，注意突出个性。由于偏爱黑

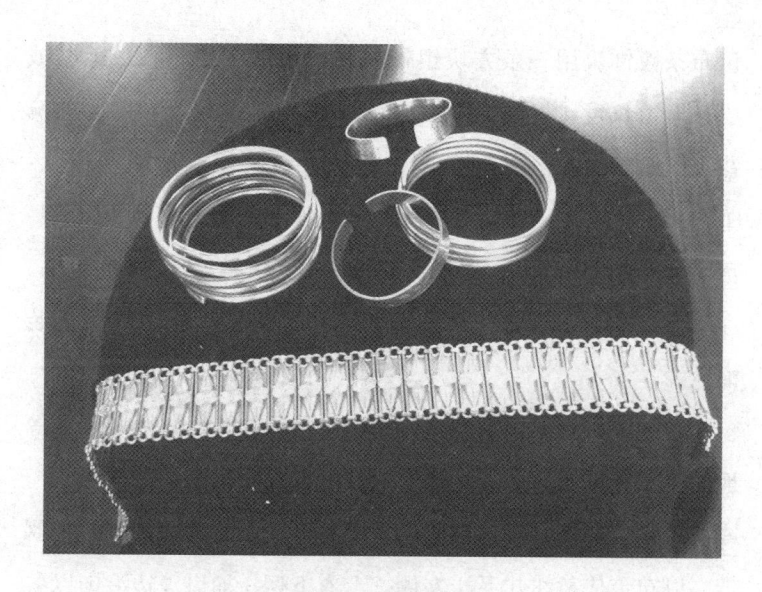

西双版纳布朗族银饰

色,他们的衣服颜色往往以黑色和青色为主。由于受其他民族文化的影响,在布朗族青年一代中,有不少人改穿汉装、傣装等,但传统民族服装仍独具特色。

女性服饰

女性服饰因年龄的不同而有差异。青年女子穿着艳丽。上身内穿镶花边小背心,对襟排满花条,用不同的色布拼成,有的还在边上缀满细小的五彩金属圆片,亮光闪闪。背心外穿窄袖短衫,一般用净色鲜艳布料做成,左右大衽,斜襟,无领,镶花边,紧腰宽摆,腋下系带,打结后下面的衣摆自然提起,呈波浪状。下穿自织的筒裙,长及脚背,内裙为白色,比外裙略长,露出一道花边。外裙上面2/3是红色织锦,下面1/3由黑色或绿色布料拼缝而成,裙边用多条花边和彩色布条镶饰。用一条方块银带或多条银链系裙。脚穿凉鞋或皮鞋。留长发,挽髻,上缀彩色绒球并插很多色彩艳丽的鲜花。已婚妇女一般是彩色围巾包头,包头两端抽成须穗状,坠在头的左、右两侧。戴银钏,少则十几圈,多则几十圈。富裕人家的女子还戴银镯或玉镯。中老年女性包黑色包头,穿黑色上衣,下着镶黑色或蓝色脚边的织锦筒裙。衣服上装饰较少。

布朗族妇女的服饰则更多地保留了传统特色。西双版纳等地的布朗族妇女,上衣为左右两衽的无领窄袖短衫,或黑或白或蓝,紧腰宽摆,双襟在胸前交叉叠合,衣角两边各有一条飘带,以布带代替纽扣系于左侧。上衣下摆、袖口等边沿饰以各色滚条和花边。上衣里面还穿有一件对襟圆领无袖贴身小背心,领口及胸襟处饰以各种彩色花边,胸襟上钉有一排小纽扣,背心多由色彩艳丽的净色布缝制而成。天热时,单独穿上这样的贴身背心,布朗族女性的曲线美得到了充分展示。下穿双层筒裙,外裙为黑色,膝部以上织有红、黄、黑等彩色横条花纹。膝部以下拼接黑色、蓝色或绿色布,用银腰带系裙。内裙为白色,比外裙稍长,裙脚边镶饰有彩布滚边和花边,可谓五色俱全。

布朗族妇女均挽髻于顶,挽髻处插有"三尾螺"簪,逢喜事盛会,发髻上还别有多角形银牌,髻下系有银链等装饰品。头缠黑色、青色包头巾。布朗族女性自幼穿耳,喜戴银质的耳塞和耳环,大耳环坠于两肩,耳环上饰以红、黄的花。年轻姑娘多用鲜艳夺目的丝线或毛线编织彩穗或彩绒球花装饰耳塞，有的下垂至肩，妩媚动人。随着头部的摆动，耳饰一同荡漾，极富动感和青春的活力，给人以轻盈飘逸的感觉。手臂箍有数圈银臂镯，手腕部戴3厘米左右宽的银手镯，胸前佩戴银项链以及各色玻璃珠。年轻姑娘喜在头上佩戴鲜花，中老年妇女则爱以护腿布缠腿。

男性服饰

从各地布朗族男子的着装来看，差别不大。男子服饰较简单，一般男子上身着黑色或青色无领或圆领长袖对襟短衫，口袋内贴，头裹黑色或白色布料包头，喜戴白色、黑色或粉红色毛巾包头，下着黑色宽裆裤，裤腿短而肥大，多为深色。男子有佩戴手镯的习惯。青年男子头缠黑色或青色包头巾，老年男子喜欢蓄长发，将发辫盘于头顶，用白色头巾包头。而今除了老年人穿大裆裤外，中青年男子一般都改穿汉装。喜戴白色、黑色或粉红色毛巾包头，有文身的习俗，文的主要是各种图案和经文咒语等。文身是布朗族先民遗留下来的古老习俗。布朗族男子在十四五岁时就要文身，在四肢、胸、腰、腹部和背部刺上各种各样的花纹图案。文身图案颇多，如鳞刺、字刺、形刺和蕨刺。不论刺哪一种，都按"咒语"、巫术的需要构图。新中国成立后，随着科学文化知识的普及，文身习俗逐渐发生了变化。

棉包锦囊

在布朗族服饰中，刺绣和银饰也是不可缺少的装饰品。刺绣图案多为各种花草、鸟兽和几何图形。绣工独特的要数"棉包锦囊"。在布朗族的婚礼习俗中，举行婚礼时众人要进

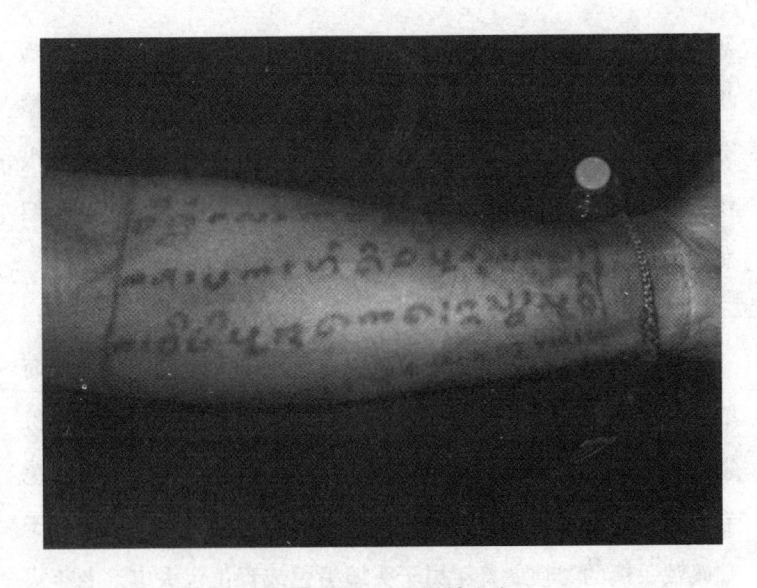

西双版纳布朗族男性文身

行爬竿比赛,新娘必须拿出自己在婚前精心刺绣的"棉包锦囊",内装五谷、银饰等物,挂在竹竿上,比赛结束将"囊"赠给胜利者,以示吉祥。

美食

布朗族人以大米为主要食粮,以玉米、豆类为辅。布朗族人饮食特点是以酸、辣、香、凉、生为主,烹制方法主要有煮、炒、蒸、炸、烧、烤、腌、凉拌8种,虽然烹制技术简单,但仍有自己独特的风味。布朗族的饮食别具民族特色,是布朗族物质文化的重要组成部分,布朗族人特别喜欢吃酸性食品,还常腌制酸味食品,如酸笋、酸肉、酸鱼等,制作方法同当地其他民族如傣族大体相同,但布朗族常在腌酸菜时在最上面放一层米饭。西双版纳的布朗族人还喜食生肉。酸腌菜、酸笋、酸

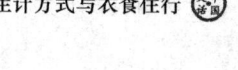

粑菜等,特别是生肉腌菜,是布朗族人招待客人的上品佳肴,生肉腌菜即生肉拌腌菜,挑选几斤新鲜的猪肉或牛肉、羊肉等剁碎,与事先腌制好的油菜花腌菜,配上辣椒、大蒜、盐、香菜等调味品,搅拌均匀后就成为一道味美独特的"生肉腌菜"。

布朗族人喜欢饮酒,其酿酒的历史也很悠久。玉麦砂白酒就是他们的特色饮品。当地布朗族人称苞谷为玉麦,玉麦砂白酒就是用蒸熟后的苞谷颗粒加酒曲发酵而成的。这种酒用水稀释后饮用,冬饮可暖身,夏饮能降暑,并有提神开胃和消除疲劳的作用。勤劳的布朗族人下地劳作或出远门时,喜欢把它装在葫芦或口缸里封严后随身携带,休息时用凉开水或山泉稀释,喝上几口来解渴提神。布朗族人还喜欢用玉麦砂白酒招待客人。他们认为家中来客是吉祥的预兆,于是总要热情地端上一碗用开水调好的玉麦砂白酒敬客人。要是客人能够爽快地喝下,他们便会与客人无所不谈,倍加亲近。

到布朗山寨不仅要看风景,还要尝美食。这里的特色菜很多,体现了少数民族的饮食风貌。首先是原料。原料多为采集的野菜,有布格多(野芭蕉花)、赛短(野芭蕉心)、得娃(酸荞菜)、得格瓦(蕨菜)、格瓦翁(水蕨菜)、得格不鲁(水芹菜)、帕冷(水薄荷)、竹笋、野蘑菇等。

其次是烹饪方法,主要有包烧、烘烤、煎炸、炒、舂拌、蒸和煮。贫苦人家做菜极少使用炊具,烹饪时,将鱼、肉、瓜豆、野菜切碎以后,拌上食盐、辣椒、苤菜根、姜、蒜、芫荽等佐料,用芭蕉叶或冬叶包裹成包,置于火塘内焐烧至熟,供食用。

布朗族美食

布朗族的特色美食如下。

翡翠酒　布朗族人喜欢饮酒,且酒大都为自家酿制。其中以翡翠酒最为著名。这种酒在出酒时用一种叫"悬钩子"的植物的叶子过滤后呈绿色,很像翡翠的颜色,因此而得名,布朗族人性格豪爽,朋友间有"有酒必饮,饮酒必醉"之习俗。

煮鼠肉和蚁卵　布朗族人有食鼠和蚁卵的习惯。布朗族人喜欢食鼠,无论田鼠、家鼠、竹鼠均为所食佳肴。他们将捕获的鼠烧光毛,去皮和内脏,洗干净后煮食。布朗山有一种黑蚁,每窝有一只蚁王,能产卵数千。布朗族人常挖食蚁卵。

豆生　豆生其实是一道凉拌菜,主料是红饭豆和萝卜。送归村海拔较高,那里是酸性红壤山地,红饭豆和萝卜在那里的长势和收成都很好。红饭豆,又名红小豆、米赤豆、赤豆、朱

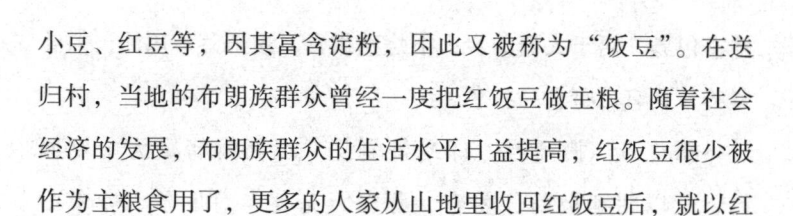

小豆、红豆等,因其富含淀粉,因此又被称为"饭豆"。在送归村,当地的布朗族群众曾经一度把红饭豆做主粮。随着社会经济的发展,布朗族群众的生活水平日益提高,红饭豆很少被作为主粮食用了,更多的人家从山地里收回红饭豆后,就以红饭豆做菜,做成开胃爽口的豆生。

波弯阿勒 波弯阿勒是油炸花蜘蛛。这种叫阿勒的花蜘蛛,在野外林间结网,个儿有小手指般大,身上长有花斑,圆鼓鼓的肚子里,尽是具有丰富蛋白质的乳白色汁液。人们上山下地时,用树枝裹缠蜘蛛所结的网,把花蜘蛛网在网内带回。烹饪时,去掉蜘蛛头脚,仅用圆肚作为原料,只需用清水冲洗一遍,便可投入油锅煎炸供食。油炸花蜘蛛,香味扑鼻,与油炸蜂蛹一样地喷香可口,是一道营养丰富、加工方法简单、风味独特的食品。

撒阿永 撒阿永,可译为蝉酱。以蝉为主要原料,加胡辣椒粉、野花椒粉、姜、蒜、芫荽等佐料调制,这道菜只能在初夏之时制作。雨水刚落地时,蝉常常于夜间在有浅水的洼地上云集。人们趁机将蝉捕来,去羽,去脚,蒸熟剁细,拌上胡辣椒粉、姜末、蒜泥、野花椒粉、芫荽,加适量食盐调拌成糊状以供食用。味虽谈不上美,但营养丰富,独具特色。

嘎哽 嘎哽,可译为包烧鲜鱼。以鲜鱼(小鱼)为主要原料,加姜、蒜等佐料加工。烹饪时,将鱼儿剖腹,挤除内脏,洗净,加抹食盐、胡辣椒粉,掺以蒜泥、姜末、芫荽、苤菜等佐料(若包烧大鱼,佐料应填入鱼腹),用芭蕉叶或冬叶严实包裹,焐于火塘的炭火下烧熟供食。这道菜不用油,但味鲜美,具有山野食品特色。

撒嘎当 撒嘎当,即螃蟹剁生。以新鲜螃蟹为主要原料,配以胡辣椒粉、姜末、蒜泥、芫荽、南瓜子、炒米面等佐料调制。加工时,将螃蟹敲死放在火塘中翻烧至熟,去掉硬壳后剁细成泥状,加适量食盐、胡辣椒末、蒜泥、熟南瓜子面、炒米面调拌均匀即成。这道菜味香、辣、鲜,用糯米饭蘸吃,或用萝卜、白菜、水薄荷、野芹菜等蘸吃。

4 民居与出行

民居

布朗族的民居主要是干栏式建筑。一种是茅草屋,一种是木瓦房。

布朗族村寨多建于海拔 2000 余米的山间,选建寨子的主要条件是要方便种地。因此,大多数布朗族村寨的房舍顺山坡密集修建,村民聚寨群居。住房是一楼一底的干栏式竹木结构楼,俗称竹楼。楼上供人居住,楼底无墙,用于堆放杂物。楼上居室用竹篱或木板围建,仅留一门,室内光线较暗。屋面分四面两台,呈重檐状,下檐很长,直伸至距地面 4~5 米处。楼前面大门前搭建有木梯。楼上设有阳台,摆放装水的土锅、土罐,是洗漱和晾晒衣物的地方。屋顶盖草或瓦片,楼板用竹笆或木材铺设。楼室分堂屋、火塘、卧室三部分。火塘设于中央，既用于做饭，又用于取暖、照明，且一般在火塘边接待客人。堂屋与卧室用竹笆或木板隔开，卧室内不搭床架，按性别分别于左、右两边，席地而卧。粮仓一般盖在屋外或村外，搭高台架堆放。竹楼屋顶为歇山式，分为四面，脊短坡陡，下有披屋面，用草排或瓦片覆盖。楼室门口一侧安置木梯一架，一侧设有阳台。屋顶是用干草或竹枝架成，单调却不失朴素的风采。房子虽小巧，但容纳性还是不容忽视的。

布朗族也是一个山地民族，聚寨群居是其民族特征之一。布朗族居住的村寨有的叫"拥"，有的叫"邦"，区别在于建寨时是否举行过建寨的仪式。建寨之前不仅要认真挑选寨址，而且要占卜所选择的位置。寨址选定后，便举行建寨仪式。

传统布朗族民居

仪式由寨主或佛爷主持，按他们的指点，布朗族人用茅草绳与白线先把寨子的范围圈起来，主持人围着圈念经、滴水，村民尾随其后跳建寨舞，并把围寨子的草绳串联起来，表示大家齐心合力，愿意团结一心地居住在这个地方。然后建四道寨门，人们开始在圈内破土建房。这样建起来的寨子叫"拥"。"邦"的含义是棚房，在布朗族人心中并非村寨，而是歇脚的临时居住的房子。

"一家盖新房，全寨来帮忙"，这是布朗族的一条古规。布朗族人建盖新房一般择傣历四五月建房。建房过程中要进行一系列的祭祀、占卜活动。新房子落成后，主人家要举行贺新房仪式，请客吃饭，唱贺新房调；有的还要举行拴线仪式，预祝新房的主人大吉大利。

布朗族新居

改革开放以来，布朗族的住房条件也得到相应改善。人们开始改用木板铺楼，并将堂屋与住室用木板分开。以瓦片覆顶，瓦顶镶嵌玻璃亮瓦，结实的木板墙、木板楼代替了昔日的竹笆墙和竹笆楼，但建筑风格基本不变。还有少数致富能手开始建盖钢筋混凝土结构的楼房。

现今布朗族村寨

出行

布朗族人居住的村寨多被群山环抱，坡多路陡，交通十分不便。他们与外界的通道只有自己修建的驿道和简易的独木桥。新中国成立前，布朗族运输粮食和货物全靠人力背和挑。新中国成立后，国家对民族地区实施了一系列改善交通条件的措施，在通往布朗族地区的县、乡都修建了一些公路。

1964年，西双版纳布朗族山区修建了一条全长49公里的简易公路；1980年摆榔、木老元两个布朗族聚居区各修建了一条通往县城的公路；20世纪80年代，澜沧拉祜族自治县的蛮景和思茅也修通了公路。随着国家对民族地区的大力扶持政策，布朗族村寨的交通得到极大改善，促进了布朗族人与外界的经济贸易往来，也促进了布朗族地区民族经济的发展。

三　宗教信仰与风俗习惯

布朗族大多居住在云南边境一带的深山密林中,在滇西、滇西南和滇南一带广泛分布。由于居住条件的限制,交通闭塞,生产力发展水平相对较低,与其他民族的交流较少,其文化处于相对封闭状态,许多独特的宗教信仰和风俗习惯得以保存下来,形成了绚丽多彩的民族文化。

1 原始宗教

布朗族先民居住在自然环境恶劣的山区,对自然界和自身的认识非常有限,对人间的祸福生死以及自然界的风、雨、雷、电等现象感到恐惧,由此便形成了一套以"万物有灵"为核心的民间信仰体系,这就是布朗族的原始宗教。佛教传入布朗族地区以后,与原始宗教融合,形成了神佛共存的信仰体系。

布朗族原始信仰崇拜的对象无所不包,山水树石、风雨雷电都是他们崇拜的对象。概括起来,布朗族的民间信仰主要包括自然和鬼神崇拜、祖先崇拜、图腾崇拜等,祭竜神、祭寨神、祭山神、祭水神、叫魂以及占卜等仪式是布朗族的主要原始宗教活动,几乎每个村寨都有专供祭祀的公共场所,由村寨头人昭色(或称寨老)主持管理各种原始宗教的祭祀仪式。

自然和鬼神崇拜

布朗族的自然崇拜和鬼神崇拜是结合在一起的,他们认为天地万物、日月星辰、风雨雷电、火水山石等皆有灵魂。这是他们对大自然的一种直接崇拜。布朗族崇拜的鬼神不计其数,大小鬼神有上百种,能够叫得出名字的鬼神就有80余种,有大鬼"色架荒"(山林之鬼)、天鬼"板哈披天"、地鬼"色架格代"、旱谷鬼"色架格洛"、水鬼"苦拉"、树鬼"色架枯"、坟地鬼"色架格门"、野牛鬼"色架格每坡"等。所有的鬼神都有它们各自不同的专司职能,其地位高低不同,或利或害,善恶不一,但都得加以敬奉崇拜。布朗族人认为天地间的万物有灵性就会有欲望,其欲望一旦得不到满足,恶者就会变得更恶,善者则不愿行善。人的生老病死、天灾人祸,都是鬼灵在作祟,所以,布朗族人对鬼灵的崇拜就是要迎合和讨好它们,换取鬼神满足崇拜者在物质生活或精神生活上的各种需求。布朗族人崇拜的鬼神主要有以下几种。

山神 祭祀山神是布朗族人自然崇拜的主要内容。他们认为山神"雅"掌管山林,以野兽为食,也会吃人。每年傣历九月(农历正月初五或初六),布朗族都要以家族为单位,举行为期两天的祭山神活动,以保村寨安宁。仪式由巫师(白摩)和家长主持,用米、酒、茶、肉、饭菜、鸡及数对蜡条祭拜山神，白摩杀鸡、点香、烧纸钱、念咒祈祷，将沾有鸡血的纸钱贴于树上，表示"奉献"。布朗族每年在刀耕火种前，还要举行祭"树魂"，祈求树鬼"色架枯"和地鬼"色架格代"的同意。如果认为鬼神不同意，则不得砍伐，要再次进行献祭以求得鬼神的谅解。

寨神（社神） 寨神布朗语称"代袜么"（男神）、"代袜那"（女神），是布朗族最为崇敬的神灵，被认为是建寨的始祖，是整个村寨的守护神。各村寨中央都设有寨心木桩，木桩上面削尖，周围以石块砌成高台，表示寨神。有的则立五根木桩，中间一根削尖表示寨神。寨神不允许任何人触摸，严禁在其周围大小便。寨神居住在村寨附近的竜林里，决定着村寨的兴衰福祸，护佑着寨子的平安。布朗族村寨每年都要以村寨为单位，举行持续3天的祭寨神仪式，称为"祭竜神"，时间大约在每年农历一月或六月择日举行。祭寨神是为了祈求寨神保佑全寨风调雨顺，人畜平安。

布朗族寨神

水鬼 西双版纳的勐海县布朗族认为水鬼"苦拉"在鬼中的地位最高。传说水鬼为人头蛇身,每当下大雨、涨大水时就会出来作祟,人见之即死。每年关门节和开门节期间,布朗族人都要祭祀水鬼"苦拉",祭祀时要请祭司在河边念经,将饭盒、土锅、碗筷等丢入河里,供其享用。为了与水鬼隔离,布朗族还严禁引水进寨,不准在寨内挖沟修塘或凿井储水。生产生活用水必须到远离寨子的山溪边去取,或用竹筒剖开制成引水槽,把山泉水引到寨外木槽中储存,供人们日常使用。

火神 火神崇拜与布朗族的生产方式有关。对于从事刀耕火种的布朗族来说,火对其生产生活具有重要意义。不仅火塘是布朗族家庭的象征,而且在生产活动中布朗族人对火也崇敬有加,每年烧地前要先祭火神,祈求火神保护生灵,不要烧越出界,以免伤害人畜。在每一个布朗族家庭中,房屋正中的火塘是祭火神的主要地方。凡遇婚丧嫁娶、过继子嗣等重大事情时,布朗族人都要在火塘边举行祭礼。火塘被布朗族人视为神圣之地,跨越火塘、脚蹬火塘上的三脚架以及在火塘上放置鞋袜衣裤等是被绝对禁止的,否则会触犯火神,祸及全家。普洱墨江哈尼族自治县的布朗族祭灶神也是对火神的一种变相崇拜,在除夕吃团圆饭前,要先用糯米饭团、肥肉、酒等置于灶头,由家长持鸡拜献,杀鸡拔毛,然后把沾血的鸡毛贴于灶上,合家跪拜祭祀灶神,布朗族人认为这样能保佑合家平安,六畜兴旺。

三 宗教信仰与风俗习惯 53

现代布朗族家中的火塘

土神 祭土神是流行于云南省墨江哈尼族自治县一带布朗族的民间习俗，目的是祈求土神保佑风调雨顺，庄稼丰收，合家平安。每年正月祭土神时，要用公鸡一只、谷一升、米一碗、茶一杯、酒半斤，由家长与白摩进行祭祀，其他家庭成员和外人不得参与。祭祀时先由白摩念咒祈祷，祈求土神保佑人口平安、粮食丰收，然后杀鸡，并将其内脏埋于大门右角，白摩与家长煮鸡同食，其余祭品则由白摩带走。祭祀完毕，才能通知家人归来。此外，布朗族人在下地生产或开荒、盖房等动土前，也要祭祀土神。

谷魂 布朗族人认为谷魂掌管谷物的生长，关系一家人的生计，故对其十分重视。每年农历五月播种前，各户要在山地中选一块地作为"母地"，请祭司祝祷，祈求谷苗苗壮生长，然后才能播种。在谷苗长到15厘米左右时，村寨头人"达曼"要通知各户祭谷魂，请佛爷到地里念经，举行滴水仪式，并在地下埋三块石头，意为留住谷魂。薅草前，还要请祭司到地里念经，由主人"叫谷魂"，祈求颗粒饱满。谷物收割前，各家要选择吉日，到地里摘穗，舂新米，然后举行尝新祭神仪式，之后才能开镰收割。收割时要先割母地的谷子，并另行打包储存，以备作为"压仓"之用。谷物晾晒进仓前，还要择吉日举行叫谷魂仪式，进仓后要把母地收获的谷穗压在谷堆上面，意在留住谷魂，这样谷子才能久储而耐吃。

祖先崇拜

布朗族民间信仰的一个重要内容便是祖先崇拜，他们认为氏族、家族的发展和家族生命周期的更迭、延续是以血缘世系为纽带。他们的祖先观念与灵魂观念牢牢结合，故祖先被神化为崇拜的对象。亡故的先人世世代代以其祖宗在天之灵升入神位，成为氏族、家族延续的保护神。布朗族村寨由若干个具有共同祖先繁衍下来的父系亲属集团（布朗语称为"嘎滚"）组成，每一个"嘎滚"一般包括三至四代男性成员以及他们的妻室和儿女，即祖父母、父母、兄弟和媳妇及其子女，由家族内年龄最大的男性担任家族族长（布朗语称为"高嘎滚"），每一个嘎滚又由若干个家庭组成。与这种特殊的社会结构相对应，布朗族的祖先崇拜也是分层次的。一是每个村寨共同的祖先，被神化为寨神，是村寨集体祭祀的对象；二是具有血缘关系的家族（嘎滚）的祖先，是家族成员崇拜的家神；三是对布朗族各村寨生产生活做出巨大贡献的祖先，是各村寨共同祭拜的对象，主要是指茶祖。

寨祖崇拜　布朗族村寨崇拜的共同祖先是男神"代袜么"和女神"代袜那"，他们被认为是布朗族建寨的始祖，是村寨的守护神（寨神），管理着全村社成员的一切吉凶祸福。寨神在村寨中以木桩及垒砌的石台象征，即寨心，寨心处为整个村寨举行重大祭祀活动的场所。寨神居住在村寨附近的一片郁郁葱葱的神林（竜林）里，每年村寨都要定期或在村寨遭遇重大事件时举行祭祀活动，祈求寨神保佑全寨平安幸福。

家祖崇拜　布朗族家族（氏族）的祖先被称为"胎嘎滚"。"胎嘎滚"的象征物是一个长、宽各约1米的篾筐，或者一个布袋，其中放置一些祖先用过的生活用品和生产工具等物品，如剪刀、镰刀、矛头、象牙、贝壳、蜡条、银器、宝石、经书等祖先遗物。布朗族认为祖先的这些遗物是力量巨大的灵物，可以为活着的人驱邪镇鬼，保护家族兴旺发达。"胎嘎滚"安置在家族族长"高嘎滚"家的中柱上，每逢节庆、尝新，家族内的人生、老、病、死以及家族成员迁徙时，都要由"高嘎滚"主持祭祀"胎嘎滚"，祈求祖先赐福于家族。家族族长更换，"胎嘎滚"便转到新的族长家中，如果家族族长绝嗣，则将"胎嘎滚"火化或投入河中。在一个"嘎滚"家族中，除了祭祀家族祖先外，"嘎滚"内的每户人家一般也供奉一个家神，作为父母灵魂的象征。布朗族家庭的家神多用芭蕉叶、甘蔗叶、蜡条等东西扎成象征物，拴在屋内的中柱上，禁止触摸,供节日时祭奠先人使用。

茶祖崇拜 布朗族是一个善于种茶、制茶的民族,茶与布朗族的生产生活密切相关,在布朗族人的生活中时时事事离不开茶。传说茶(布朗族称为"腊")是布朗族首领叭岩冷变成的,他让布朗族世世代代吃树叶、穿树叶,以种茶、制茶为生,为布朗族人留下了生存的根基。布朗族人将叭岩冷视为祖先,每年农历六月初七和年节期间,西双版纳和临沧地区的布朗族都要在一棵大茶树下祭祀茶祖叭岩冷。祭茶祖是某一地区布朗族的共同活动,一般由附近的几个甚至更多的村寨统一举行。祭祀时,先由布占(还俗的佛爷)在祭台前念经祷告,家家户户都要象征性地往祭台的贡篮里敬献米饭、茶叶、水果、烟等供品,然后由专人把这些贡篮分送往寨子的四方,以祈求村寨平安。

勐海布朗族的祭茶祖仪式表演

图腾崇拜

图腾是某一氏族在生产生活过程中对一些自然物的特殊崇拜,把一些对集团成员生存具有最重要、最密切关系的动植物作为崇拜对象,并认定这些被崇拜的对象与自己的氏族有着宗族关系,更进一步认为这些被崇拜的动植物就是自己氏族的祖先,并把它们的形象奉为本氏族的神圣标志,这就是图腾崇拜。布朗族崇拜的图腾都是一些弱小温顺的动物,如蜜蜂、蛤蟆、竹鼠等。各地布朗族崇拜的图腾不尽相同,但竹鼠和马是布朗族崇拜的两种主要图腾物。

竹鼠崇拜 西双版纳一带的布朗族崇拜的图腾是竹鼠。在传说中,竹鼠曾为布朗人寻找过谷种,给布朗人带来了粮食丰收,竹鼠代表祖先的魂灵,人们对竹鼠总是感恩戴德。起初,竹鼠被视为神物,不仅不能打杀,看见竹鼠从洞穴爬出还要远远避开。谁要是打竹鼠,就是冒犯祖先的神灵,要遭灭顶之灾,自己和家人可能因此死亡。后来,由于生活条件的变化和食物短缺,这种观念发生了变化。虽然从洞中爬出的竹鼠仍然不能打杀食用,但从洞穴挖出的竹鼠则可食用。布朗族还专门设置了一个祭祀竹鼠的节日——冈永节。每年傣历四月至九月,布朗族村寨要组织全寨成年男子集体到村外挖竹鼠。如果挖出的是母竹鼠,则预示来年将获得大丰收。挖到竹鼠后,他们要给其中的一只竹鼠戴上鲜花,由两人抬着,其他人尾随其后,一路敲敲打打绕寨一周,意在请求竹鼠宽恕自己的不敬行为。然后将竹鼠抬到"召曼"(村寨头人)家,由"召曼"做一番祈祷后,将竹鼠头砍下留给"召曼",其余部分则被砍成小块分给各家各户，用于回家祭祀家神。各家将祭祀用的竹鼠肉拿到家中，在火塘的铁三脚架上点拜三次，表示竹鼠给大家带来了"谷魂"和"盐巴魂"。

马崇拜 保山施甸县境内的布朗族把马作为图腾崇拜的对象，马被视为吉祥物，严禁宰杀和食用。每年正月属龙、虎的两日，村民各家要在厅堂门外挂一块红布，作为"财门"，并杀鸡以献财神。清晨卯时，由童男、童女各一人揭去红布，打开"财门"，示意今后能够财源广进，生活幸福。此期间若有牛误入厅堂，则被视为不吉，家中会遭"破蹄"（即破财之意）之灾，要用酒、鸡等重新祭祀财神后，始能重开"财门"，或者将马牵入厅堂，破解"破蹄"之晦气。因马蹄形似元宝，布朗族人认为能够给主人家带来好运，可解除"破蹄"之灾。

此外，西双版纳的部分地区的布朗族崇拜蛤蟆，将其作为本氏族的图腾。普洱市澜沧拉祜族自治县谦六彝族乡打岗村的布朗族受当地佤族的影响，崇拜葫芦，全族人忌食葫芦和葫芦籽。

2 佛教信仰

分布在临沧、西双版纳和普洱等地区的布朗族，历史上长期受傣族土司的控制，受傣族文化的影响，信仰南传上座部佛教（小乘佛教），佛寺建筑及一切佛教制度都和傣族相仿，其生产生活深深打上了佛教的烙印，几乎每个村寨都建有佛寺。分布在保山施甸木老元布朗族彝族乡的布朗族受汉族、彝族等民族文化的影响，信仰汉传佛教（大乘佛教）。而普洱市澜沧、墨江一带与佤族、哈尼族杂居的布朗族也有少量信仰基督教的，但宗教气氛日渐淡薄，信徒逐渐减少。因此，南传上座部佛教是布朗族的主要宗教信仰，它与布朗族固有的原始宗教结合起来，共同构成布朗族精神生活的重要内容。

南传上座部佛教大约在公元7世纪由缅甸等地传入西双版纳的勐海等傣族地区，之后向北、西传入临沧的双江和普洱的澜沧、墨江等地。西双版纳、普洱等地的布朗族信仰的南传佛教属于润坝派（或摆坝派），佛寺建于寨外的山野上，平时无固定信众前往布施，寺僧生活全靠每天外出化缘和在节日时的"赕佛"，所以润坝佛寺又称为林居佛寺。双江等滇西地区的布朗族主要信仰摆润派，佛寺多修建于寨中或寨边，所以又称家佛寺。

佛教习俗

布朗族男子要成人必须做和尚。布朗族全民信教，布朗族男子要得到社会的承认，进佛寺当和尚是必经程序。男孩10岁左右就要入寺，学习佛教经典和傣文，接受佛教戒律的熏陶，时间可长可短。短则几个月，长则几年、十几年，也有终身为僧的。做过和尚的男子称为"熟人"（岩熟），即有知识、懂道理、有修养的人，得到人们的尊重，有资格串姑娘，结婚成家；没有做过和尚的男子称为"生人"（岩里），不论其才能和家境如何，都会被人看不起，姑娘也不愿意嫁给他。男子在做和尚期间，要在寺中做些杂活，他们的饭食由村寨各家每天按时送到佛寺。

布朗族佛寺内的和尚实行严格的等级制度，分级的标准和称呼各地略有差别，有8~11个级别，但以分10个等级的较为常见。不同等级的和尚,穿袈裟的数量、袈裟的穿法、袈裟的颜色、袈裟上的条纹和方格的多少也不同。第一级称帕因,即小和尚,为初进佛寺和进佛寺不满3年者,他们只能披一套黄色无格披单,不论寒暑都要袒露一肩,不得戴僧帽;第二级称竜,即大和尚,一般要进佛寺3年以上,能披一套方格少的袈裟;第三级称都因或帕朗,即二佛爷,可披条纹、方格较多的袈裟1套;第四级称都比因,也称都竜或帕竜,即大佛爷,可披多纹方格袈裟2套;第五级称沙底听或称帕听,可披袈裟6套;第六级称帕沙弥,或简称沙弥,可披袈裟8套;第七级称沙底桑或称帕桑,即长老,可披袈裟12套;第八级称松领(或松溜),可披袈裟16套;第九级称阿嘎木里,即大法师,可披袈裟24套;第十级称帕召苦,即佛教大师,可披袈裟24~30套。教阶的升迁基本上与傣族佛寺相同,较低级别如"帕因"和"帕朗"的升级比较容易,只要本人愿意,父母支持,寺中佛爷同意即可升级。高级别和尚的升级要经过严格的程序,须得到某地区所有佛寺中高级别僧侣的认可才能升级,并与村寨头人的认可程度以及得到"赕"的多少有一定联系。最高级别"帕召苦"的升任则要得到傣族首领的认可,一般只有傣族佛寺才有。此外,布朗族佛寺还有"都布"一级,是佛爷还俗后又来佛寺当大佛爷的,在佛寺中不受尊重,地位一般较低。

布朗族佛寺和尚不可杀生但可吃生。按照小乘佛教教义,不杀生是佛教的第一条戒律,也是佛教戒律中最核心的一条。如果不能做到这一条,尽管做到了其他各条戒律的规定,仍算犯戒。而如果能做到第一条,即使其他某一条没能做到,则可以原谅。但是，布朗族佛寺僧侣并不禁止和尚、佛爷吃荤腥，村寨赕佛送来的荤腥食物，佛寺众僧一样可以享用。另外，布朗族佛寺也不严格禁止和尚、佛爷饮酒，只要不饮酒致醉，也是可以原谅的。正所谓"酒肉穿肠过，佛祖心中留"，修心不修口，这与布朗族全民信教，追求"自救"的状况相适应。

佛教教义

不重今生重来生。布朗族信仰佛教以自我解脱为目的。在低下的生产力水平下，人们很难通过努力来改变自己目前的生存状态，只能寄希望通过自己今生的善行积德、赕佛受戒，来争取来世的美好生活。按照小乘佛教的教义，人们受苦是因为生前未做好事、积阴功、修善德、赕佛修行。人们若能做到遵守"十戒""五戒"的规定，多赕佛，就能上天堂（勐发）。今生赕佛赕得越多，来生得到的好处就越多，即使不劳动也会吃穿不愁，长得更英俊漂亮，福寿绵长。正是基于这样的信念，布朗族群众非常热衷于宗教活动，宁愿忍饥挨饿，节衣缩食，也要"赕佛"施舍，求得来生幸福。

佛教教义对僧人和俗人的要求有别。小乘佛教的戒律有"十戒"（星西卜）和"五戒"（星哈）。"十戒"是指不杀生；不偷窃；不邪淫；不妄语；不酗酒；不食过时午餐和晚餐；不准在节日舞棍弄棒；不准同长辈平起平坐；不准带刀、戴花和银饰物；不准穿戴有银饰物的服装。"五戒"是指"十戒"中的前五条戒律。"十戒"要求和尚和佛爷能够做到，一般群众则要求遵守"五戒"。

佛教节日

布朗族节日风俗深受宗教的影响，许多节日仪式和内容都与宗教有关，或直接从宗教仪式转化而来，不仅有很多专门的佛教节日，其他传统节日中也有许多佛事活动内容。布朗族的佛教节日以"赕"（施舍）为中心，一年中以"赕"为中心的节日和祭祀活动十分频繁，其中最重要的佛教节日有"关门节""开门节""赕箩箩节""赕佛节""堆沙节""浴佛节""泼水节"等。

关门节：布朗语称"考瓦萨"，也称进洼，是布朗族最重要的宗教节日，节期3天，在每年傣历九月十五日至十二月中旬（即农历六月中旬至九月中旬）举行。关门节的第1天，家族成员要给家族族长"高嘎滚"送一朵鲜花、一对蜡条，并去祭祀家族族神"胎嘎滚"，为家族族长举行象征性的洗手、洗脚礼，表示祈福。村寨各户要送钱、米和一对蜡条等物交给村寨头人，向佛寺奉献纳福，村寨里则要杀猪请头人、佛爷、和尚宴饮。成年男女均要到佛寺听佛爷念经，举行滴水仪式，中老年人则要住进缅寺，听佛爷念经，举行佛事活动，全寨停止一切生产活动。当天晚上，青年男女在佛寺外击鼓跳舞，欢庆节日。3天后，缅寺大门关闭，直到傣历十二月十五日开门节时才重新打开。从关门节到开门节的3个月里，僧侣要日夜诵经，禁止出寺串寨，男女青年禁止串姑娘，也不得举行结婚仪式和建房。

开门节：布朗语称"奥瓦萨"，也称出洼，在每年傣历的十二月十五日（即农历九月中旬）举行，节期3天。节日期间，全寨停止一切生产活动，僧侣也不得出门串寨。开门节这天，男女老少身穿节日盛装，带着食物、鲜花、蜡烛、钱物等,前往缅寺施舍功德和听经拜佛。老人要进住缅寺听佛爷诵经,3日后返家。当天晚上,寨民们在佛寺外广场上燃放烟火,放自制的高升和孔明灯,尽情欢歌起舞,欢庆3个月禁戒的结束。3天后,缅寺大门打开,表示解除"关门节"以来男女间的婚忌。从开门节到下次关门节的9个月里,僧侣可以出门串寨,男女青年可以串姑娘或举行婚礼。

赕箩箩节:又称"赕什拉"或"什拉"节,是西双版纳地区布朗族的民间祭祀节日,一般在傣历十月(农历一月)择日举行,节期两天,内容主要是超度已故父母、兄弟、子女等亲人的亡魂,相当于汉族的中元节。节日的第一天,各户就要请佛爷用傣文将已故亲人的名字按辈分写在芭蕉叶上,将蒸熟的猪肉用芭蕉叶分包四包,分别送往坟地、寨头、寨心和佛寺祭祀。第二天,各家派人将准备好的衣物、钱粮送往佛寺,当晚宿于佛寺,以期望能在梦中与亲人见面。

赕佛节:又称"赶听",是西双版纳布朗族的民间宗教节日,节期不定,节期长短各地不一,物资准备充分后即可择期举行,一般在关门节期间举行。赕佛节一般分为三个阶段:第一阶段称"赕帕"或"赕耶",也称赕袈裟,每年一次,时间多在傣历一月(农历十月)举行,或由佛爷和村寨头人决定。届时,村寨各户要捐袈裟或把做袈裟的黄布交给头人,由头人分送给各个佛寺,全寨停止生产劳动一天,杀牛宰猪庆贺。第二阶段称"赕坦"或"赕坦姆",也称赕经书或大赕,主要内容是向佛寺捐赠经书,节期没有统一规定,一般在冬天农闲时举行,具体时间由佛爷或头人决定,每年举行2~3次,每次

3天。节日期间,各家要自愿捐钱、捐粮,交由"召曼"统一献送佛寺。各户要请僧侣来家里念经,然后带上鲜花、香烛等供品以及从缅甸、泰国购进的经书,载歌载舞地到佛寺听佛爷念经祈福,并把经书和其他赕品进献给缅寺。村寨里家家杀猪宰鸡,欢聚宴饮,夜里要放焰火、爆竹,点孔明灯,唱歌跳舞欢庆节日。"赕坦"是自发性的,由村民自己决定是否赕、何时赕以及赕的规模。第三阶段称"罢完尼",即"赕星"或"小赕",时间在傣历八月十五日(农历五月)举行。传说这天是佛祖释迦牟尼仙逝的忌日,全寨各户要到佛寺赕佛,村里50岁以上的老人则要轮流到佛寺听经,并宿于缅寺。"赕星"从关门节开始的第1天起,15天为1个周期,每隔7天就要举行一次,由几户人家轮流负责,每次节期3天。第一个七天后的星为"小星",第二个七天后的星为"大星",每个周期有"小星"和"大星"各一个。

堆沙节:布朗语称"过赛",各地节期不同,西双版纳的布朗族于每年农历五、六月份择日举行,临沧地区的布朗族则于每年农历三月中旬举行。节日清晨,人们要沐浴更衣,带上糯米糕、芭蕉、花枕、镜子等物品,到寺庙"赕佛",并于寺院前的菩提树下用沙子堆起数座1米多高的宝塔,塔顶插缠有彩纸条的竹枝,大家围塔席地而坐,听佛爷念经祈祷。之后,老人们入佛堂拜佛听经,青年人成群结伙地去游乐,或谈情对歌,或丢包舞蹈,傍晚时全寨老少汇集于寨中场坝举行各种文娱活动。第二天,青壮年上山狩猎,妇女们准备盛宴,老人们相聚叙旧,恋人们相约幽会,各得其乐。

浴佛节：即"泼水节"，实际上是布朗族的年节，受傣族文化的影响，崇尚佛教的布朗族在其新年庆典中增添了各种佛教活动，新年庆典与佛事活动紧密结合。该节日活动的具体内容在后文阐述。

西双版纳布朗族寺庙

3 节日庆典

布朗族的节日与农业生产和宗教活动有密切联系。由于布朗族散居在滇西、滇南多民族杂居地区，受当地主体民族文化的影响，各地布朗族的节日不完全相同，即使同一节日，在各地的名称、活动内容也有一些差别。分布在西双版纳的勐海县、普洱的澜沧拉祜族自治县和墨江哈尼族自治县、临沧的双江拉祜族佤族布朗族傣族自治县等地的布朗族受傣族文化的影响较深，信仰小乘佛教，其宗教性节日尤其繁多，节日活动内容也与傣族基本相同，如关门节、开门节、泼水节以及各种以"赕"为中心的佛教节日活动。保山施甸布朗族与汉族、彝族等民族杂居，节庆活动多受汉族、彝族的影响，绝大多数节日与汉族和彝族相同，只有少数节庆还保留本民族固有的特点，主要节日有春节、清明节、端午节、火把节、中秋节等。从其功能上看，布朗族的节日庆典大致有佛教节日、年节、与原始宗教祭祀有关的节日、与生产祭祀有关的节日以及娱乐性节日等几种，但几乎每种节日中都包含了祭祀等宗教活动内容，实际上很难具体区分属于何种性质的节日。佛教节日在上文已有阐述，这里重点介绍布朗族的年节、主要的祭祀和生产性节日，以及主要的娱乐性节日。

年节

布朗族的年节称"桑衍节"，傣语叫"桑衍比迈"或"景比迈"，但在不同地区有不同的称呼，如"山康节""山抗节""宋坎节"等，是布朗族最为隆重的节日。布朗族年节在傣历六月中旬（公历4月中旬）即傣历新年举行，节期一般为3天。因各地年节活动的主要内容有所不同，故各地又有不同的别称。西双版纳傣族自治州的布朗族年节的主要活动是浴佛、为家族族长洗礼等，与傣族的泼水节基本相同；西双版纳部分地区的布朗族年节要举行迎接太阳的仪式，又称为"厚南节"；临沧地区的布朗族年节的活动主要是堆沙和插花，故又称"堆沙节"或"插花节"；而在保山施甸一带的布朗族，已以汉族的春节为年节，只不过其中加入了一些本民族的民俗活动内容。

西双版纳勐海县地区的布朗族，其年节的时间及活动内容与傣族的泼水节基本相同，但一般不划龙船，也不举行泼水活动。现在，因民族文化交流日益频繁，在布朗族年节期间也举行泼水活动。

布朗族的年节节期一般为3天。第一天称为"麦"或"晚墨"，是即将逝去的旧年的最后一天，相当于汉族的除夕，其主要活动是清扫住室、村寨，清洗衣服被盖、炊具食具，杀年猪，全寨则要宰牛。妇女们忙着做红糖糯米粑粑（布朗语称"厄糯索"，也称黄粑），备办各种过年用品。这天早上，各家的晚辈都必须向家族族长拜年，把自家做得最好的饭菜送到老人跟前，并跪着请老人吃饭，祝老人节日快乐，健康长寿。所献的食品除粑粑、芭蕉外，还有精心采集和制作的春茶，以感谢老人的养育之恩。晚辈们要伸出双手，掌心向上，接受老人的祝福。各家族成员还要准备两份各插有一对蜡条和两朵鲜花的糍粑和其他食物，用芭蕉叶包好，送到家族族长"高嘎滚"家中：一份装入家族族长卧榻上方的"胎嘎滚"（家族神）内，祭祀家神；另一份献给"高嘎滚"。在献祭时，各户男家长要摘下自己的包头巾，向"高嘎滚"行拜年磕头礼，并用水象征性地从头到脚为家族族长做洗礼，祝"高嘎滚"长命百岁，吉祥平安，"高嘎滚"也要为晚辈们祝福。祝毕，"高嘎滚"带领家族成员在"胎嘎滚"前跪拜，祭祀祈祷，祈求"胎嘎滚"赐福给整个家族，保佑家族平安兴旺。

傍晚,"高嘎滚"再带领大家到寨外迎着日落的方向,举行滴水仪式,祈求风调雨顺,人畜平安。

第二天叫"恼",意为腐掉的日子,是傣历新旧年过渡的日子,既不计算在旧年内,也不计算在新年内,所以称为"空日"。这一天,人们主要的活动是备办家宴,一家人在一起吃年饭,还要走亲访友,互相拜年,共度新年。午饭后,全村人热热闹闹参加赶摆和放高升等活动,晚上则举行歌舞娱乐活动。

第三天称为"晚帕雅晚玛",即日子之王来临之日,亦即傣历元旦,相当于汉族春节的大年初一,也是布朗族庆祝新年活动的主要日子。这天天不亮,村寨头人就要安排5~7人去村外山箐的各水源地接新水,接回来的新水要加入一些草药熬成草药水,拿到佛寺准备清洗佛像(即"浴佛")。"浴佛"是由村里的年轻男子和佛爷负责,他们从上到下将佛像清洗干净。洗过佛像的水被视为吉祥物,将被大家争抢着拿回家给老人和小孩洗脸,图个吉祥如意。其他人则拿着竹盒、小竹篮前往河中捞沙,背回缅寺,用于举行堆沙仪式。村民们带上用芭蕉叶包裹的米饭、粑粑、烟、茶等,早早来到佛寺外的广场上,围着前一天搭建好的竹撑子,手拿点燃的蜡烛,口里念念有词,依次绕着竹撑子转圈走,边走边捏一撮米饭放在竹撑架上的箩兜里,并把黄粑、烟、茶、水果、鲜花等挂在竹架上,表示向佛祖和祖先献饭。然后,人们把沙捏成小团,放在竹撑子下的地上,每团沙代表一家人或一个家人,祈求神佛、祖先保佑。堆沙仪式后,老人们进佛寺坐在佛像前听佛爷念经拜佛,祷告祈福,年轻人则用新水煮制的药水清洗佛像。接着进行滴水仪式，七八个人一圈围蹲在一个盆前，一手拿着从自家带来的一个竹筒或一瓶水，一手拿着点燃的蜡条，静听佛爷念经，当经念到某一内容时，便各自把水向盆里倒一小点，为自己逝去的先人祝福。

布朗族和尚和老人在浴佛

午饭后，最热闹的节日活动——歌舞比赛和泼水狂欢开始了。人们身着节日盛装，载歌载舞地涌向赶摆场，路边的人群纷纷向他们泼洒自制的除邪草药水或清水，以示祝福。在赶摆场上，被称为"打别"的领舞者从头到脚裹扎黑布，只有眼睛、鼻子、嘴巴处留几个小洞，脖子上各挎一个包，舞到人前时，做出向人们乞讨的动作，以试良心，人们都乐意慷慨解囊，将一点钱物放进"打别"的挎包里。舞蹈结束后，青年男女便开始泼水狂欢。之后是吃百家饭（即团圆饭），各家要把所做的饭菜用芭蕉叶包好，统一放在一排竹桌子上。开饭时，各人可自选一包饭、两包菜，边吃边谈天说笑，热闹非凡。有些地方的布朗族还要敲锣打鼓，带着祭品来到村寨后山的密林深处，举行祭拜山神的活动。

晚上，寨中要燃放用竹竿自制的高升，燃放烟花，青年男女则歌舞狂欢，直到深夜，迎接日子之王的来临。年节活动多以村寨为单位举行，也有两个或几个村寨设一个赶摆场共度佳节的。

勐海县一些村寨的布朗族在年节期间还要举行迎太阳神的仪式，将年节称为"厚南节"。在傣历元旦的早上太阳出山之前，村民就要穿戴整齐，在头人带领下来到村寨东边事先搭建的彩棚前，摆上糯米、酒、肉、芭蕉等祭品，由寨老主持迎日出活动。太阳出山后，人们要迎着东方的旭日，载歌载舞，感谢太阳给人间带来温暖和生机。午饭后，人们又结队到佛寺去堆沙、插花、浴佛，并举行泼水、丢包、歌舞比赛和踢藤球等娱乐活动。

临沧、双江、芒景一带的布朗族，在年节期间还要举行剽牛祭茶祖的仪式。作为祭祀"牺牲"的水牛在仪式举行之前的两个月就要开始寻找，必须健康精神，双耳与双角平齐，尾巴要直并有一定的长度，腿上的毛不能有旋纹，身上不能有疤痕，眼睛上方有白斑（四眼），下方有旋纹，两肩有两个对称的旋纹。牛被选中后，选牛人吐口水喂牛，表示此牛已归茶祖所有，傍晚时一路跟着水牛回家，与水牛的主人讲价钱。因为自己的牛被选中作为"牺牲"对牛主人来说是一种荣耀,因此在讲价时一般讨价低,还价高。成交后,牛的主人还要请村寨头人带着祭品到寨心叩拜,告知寨神。"牺牲"买回来以后,祭祀仪式的主持者要率领众人到寨门口迎接和验收,验收合格后要为牛栓线祈祷,把线绕在牛的双角上。剽牛之前,作为"牺牲"的水牛如果拉尿、拉屎则被视为大吉,牛屎要分给各家去糊粮仓,以示沾了茶祖的福气。

祭祀仪式举行的当天,主祭人要向牛头撒米祈祷,象征性地为牛洗澡,每户人家要给水牛送一捆草表示敬意。村民们还要为牛拴线祈祷,并纷纷把钱插在牛头上的线缝里。村民们端着放有蜡条和祭品的盘子,牵着牛,挑着笋,穿过寨心,向山上进发。来到祭台前,主祭人再向牛身上撒爆米花,用芭蕉叶包着糯米饭喂牛,迎接"牺牲"的每个人都要吃一口喂牛的饭。开始祭祀后,祭祀者将酸茶、饭、芭蕉、爆米花、蜡条、白布、酒等祭品放在事先搭好的祭台上,人们敲锣打鼓、跳着舞到祭台前,叫魂者则大声召唤茶祖的灵魂回来接受子孙的献祭,主祭则在小祭台前念咒祈祷,并用筷子翻动祭台上的祭品。祈祷完毕,主持人向剽牛手授镖,开始剽牛,剽牛手要掌握好牛的要害部位,最多剽三枪就要把牛剽死。牛倒地后,由有经验的老人根据水牛倒地的方向和姿势看卦,并向大家宣布看卦的结果,对本年度的风、雨、福、祸等进行预测。然后剽牛者将水牛开膛,先割下一点牛肝、肺和肩头肉,切成小片,交给主祭放在祭坛的祭品上进行祭祀。献祭完毕,围着剽牛场地的草绳被解开,大家涌进场地尽情跳起布朗族舞蹈,欢度节日。牛被分解完以后，牛肉与村民带来的米一起放进大锅煮熟，参与活动的村民和来宾一起就地用餐，即吃百家饭。

祭祀性节日

布朗族的祭祀性节日与其原始宗教紧密联系，也融入了许多佛事活动内容。布朗族崇拜的神灵很多，其祭祀性节日活动十分频繁，各地祭祀活动的内容也有一定的差异。西双版纳和临沧地区布朗族重大的祭祀节日主要有祭竜神（寨神）、冈永节等活动，保山施甸一带的布朗族有接木龙、洗牛脚、跳会等活动，普洱地区的布朗族则有祭灶神等活动。

祭竜神 "祭竜"布朗族人称为"基约母习母"，是布朗族最为隆重的祭祀活动。竜神是布朗族崇拜的最重要的神灵，在西双版纳和临沧一带，布朗族的每个村寨都要把附近的一片森林划为神林，称为竜山。他们认为竜山是寨神代袜么、代袜那居住之地，并在其中选择一棵参天古树作为竜树，每年都要举行祭祀活动。竜山森林范围内的一草一木都被视为神圣，任何人不得砍伐攀折，也不能追逐逃进竜山的猎物，不准在其中挖土取石，更不允许任何人在神林区内大小便。除在竜山祭祀神灵外，任何人不得进入竜林进行其他活动，否则将招致厄运。

祭竜活动由村寨中专门负责原始宗教事务的竜头（布朗族语称"昭色"）主持，昭色被认为是人神之间的沟通者，在村寨中享有较高的社会地位和权威。昭色不按世袭传承，而是用"请神找"的方式产生的。每当寨中有迎亲嫁娶、建盖新房、人畜不安、家人远行等大事，村民都要带上大米、鸡蛋、茶叶、蜡条和现金来到竜头家，由竜头主持祈求竜神保佑。

祭竜活动每年举行一次，各地祭祀的时间有所不同，一般在傣历八月（公历5月）的第一个属马日举行。遇有战乱、天灾等情况，则要一年数祭。祭祀开始的前一天晚上，寨门外就要高悬木刻、篾盘等，以示禁止外人进寨，本寨人和本寨的客人也不得出入寨门，违者要罚祭猪一头。

在到竜林祭竜之前，昭色要先在家中祭奠竜神，告知竜神今天要来祭拜，再抱着祭竜神用的公鸡到寨心处祭祀寨神。祭祀那天，全寨每户要出一名男子，在昭色、翁色、翁莱的率领下，从寨心出发一路走到竜林，昭色提鸡（公鸡、母鸡各一只），翁色拉猪，翁莱牵牛或羊，众人各提米、盐、辣椒等，挑着水，扛着铁锅，浩浩荡荡地来到竜林。到竜林边时，昭色要招呼大家脱鞋，赤脚走进竜林，不得穿白衣服，不得大吼大叫。来到竜树下，先由昭色在竜树下点燃一对蜡条，撒米祭祀，对竜树三磕头祷告，之后众人开始清理场地，砍木条在竜树下搭一简易祭台（竜台），生火烧水。这些准备好以后，昭色再在竜台上点燃一对蜡条，在竜台的四个角上摆上米、茶、酒等祭品（盛供品的碗必须是砂陶碗或土碗），各点一对蜡条。然后，昭色、翁色开始杀鸡，昭色杀公鸡，翁色杀母鸡，杀鸡必须用木棍击其头而死，严禁用刀割脖子放血。昭色将鸡血滴于祭台的四角，滴罢再拔部分鸡毛放在祭台的四个角上。宰杀猪、牛必须由翁色和翁莱进行，他人不可替代，也必须以木棒击其头而死。所宰鸡、猪不能用开水脱毛，而是直接放在火上烧至焦黄，再浇冷水刮洗，除去内脏。鸡、猪收拾好后，放在一口大锅中，与每户带来的大米混合煮成烂饭，然后由昭色在竜树下点燃一对蜡条,将全鸡、猪头、牛头、猪肩头肉、烂饭盛在盘中,置于先前搭好的祭台上,鸡头、猪头、牛头要面朝竜树。一切准备妥当后,昭色一边对竜树磕头,一边撒米祷告,祈求竜神保佑全寨吉祥平安,粮食丰收,并召唤竜神来享受美味佳肴。昭色则虔诚地一直跪拜在竜台前。众人在昭色身后,按辈分或年龄大小分别跪拜在场地的不同位置,老人在上台,中年人在中台,青年人在下台。一个小时以后,昭色再次向竜神叩拜、祷告,祈求竜神让众人用餐。祷告完毕,昭色从竜台的每样祭品中各取出一些留在竜台上,其余撤下,以供众人食用。鸡头、鸡骨只能由昭色自己吃,昭色取下卦骨以备看鸡卦。当场吃不完的食物可以带回家给家人食用,但家中女性特别是孕妇及其丈夫一律严禁食用祭品。众人吃完后,昭色再叩拜祷告,送走竜神,然后众人收拾东西,撤去祭台,祭竜活动才告完成。祭竜神后3天内,全寨人不准下地劳动,不准吹口哨和玩乐器,严禁外人进入本寨,也不允许任何人接近竜树。

冈永节 冈永节即祭竹鼠节,是西双版纳勐海县布朗山的老曼峨、新曼峨一带的布朗族的节庆活动,一般在傣历四月或九月择日举行,具体时间由寨内群众商定。布朗族将竹鼠视为图腾,冈永节与竹鼠给人们带来谷种的民间传说有关,是为了感谢竹鼠把漏在地缝中的稻种找出来,使人类重新获得了种子的恩情而设的。布朗族人认为祭过竹鼠后当年的谷物就会茁壮成长,粮食就会丰收。

接木龙 "接木龙"是保山施甸木老元布朗族彝族乡的布

朗族最为隆重的祭祀节日。每年正月初二，各村寨的人都要齐聚在村外的龙井边焚香烧纸，设案祭祀，举行接木龙仪式。祭祀活动由全村推选出的负责祭祀的主事人（当契）组织。

祭日那天早上，村里要杀猪一头，每户拼米2筒、酒2斤，由当契召集大家在龙井边聚餐，每户可分到火烧猪肉一份，猪头则作为祭品。早餐后，全村人会聚在龙井旁，10位乐手分别穿上黄、绿、白、红、黑五色衣服，吹着唢呐、笛子、三弦、芦笙，绕龙井一圈，祈求雨水丰沛。寨中长老对着龙井叩头祷告，祈求木龙给村民带来好收成。祭祀完毕，众人抬着事先砍好的一棵松树，一路上燃放鞭炮，吹吹打打送到当契家里，再绕着松树吹奏三圈，意味着把木龙接回来了。

晚饭后是节日活动的高潮。全村男女齐聚当契家，进行打歌活动。当契将托盘上的猪头递给打歌头，打歌头绕着"木龙"，边舞边唱，反复三圈，之后众人开始打歌，直到深夜。拂晓前，当契要用米花糖招待大家，并把猪头等祭品煮给打歌人吃。接木龙结束后，村寨头人还要召集村民商议选出来年的当契，筹备次年接木龙事宜。

洗牛脚　洗牛脚是保山施甸县境内布朗族的传统节日，时间大约在每年农历五月的端午节期间。节前的晚上，每家要将红纸裹上香炷，然后插于厅堂前。端午节这天，头人和村中老人共牵牛羊（多数时候只用一只羊），头戴斗笠，身披蓑衣，手执杨柳、桃枝、黄泡树枝扎成的扫把，拿着红纸扎成的小幡，在每家门前插一面红纸旗幡，并用树枝扫一下每一家的门庭，祝主人平安。被祝福的户主要事先准备一瓢冷水，洒在老人和头人的雨帽和蓑衣上,表示洗去牛足迹。因为施甸地区的布朗族人认为,牛蹄是分开的,即"破蹄",牛脚踏过家门会破财败家,洗去牛脚迹就会有财运。最后,众人把牛羊牵到寨子外宰杀。每户家长要带一筒米。它们把带来的米与宰杀的牛羊肉一起煮成肉稀饭共食,以祈求全寨平安。

跳会 跳会是施甸一带的布朗族庆贺"观音老母"诞辰的盛大节日,于每年农历二月十六日至十七日举行。在节日期间,村寨头人要召集全寨民众筹办素菜,送往佛寺敬献给佛祖、观音,并在佛寺点香烧纸,祭拜祷告,次日,头人再带领全村老幼,抬着三把用竹篾条扎成的圆状幡幔纸伞,一路击鼓敲锣,唱歌跳舞,前往佛寺献祭佛祖。

生产性节日

布朗族传统社会以农业生产和打猎为生,与农业生产有关的节日很多。可以说,布朗族大多数原始宗教祭祀节日几乎都与农业生产有关,很难分清哪些是纯粹的祭祀性节日,哪些是生产性节日。从节日内容来看,布朗族的新米节和火把节比较偏重于生产性节日。

新米节 新米节又称"宋初节"或"尝新米",是布朗族传统的、与农业生产有关的节日。新米节多在每年农历七月的第一个属蛇的日子举行。当天早晨,村寨中各家要带着一对蜡条,集中来到田头祭谷魂,先由阿占(巫师)念咒祷告,向谷魂呈供祭品,然后面向东方割一小捆熟透的谷穗,阿占口叫谷魂,带着大家返回村寨。大家用割回来的新谷穗舂出米,蒸成饭,再用芭蕉叶包上一包肉和菜,先来到佛寺里供献,让佛祖先尝新米饭。之后，再分别供献寨神、家神，最后家中长辈及其他人坐在一起，共同品尝劳动成果，祝愿来年五谷丰登，消灾弭难。按照习俗，人们还得留一些新米饭喂牛和狗，以感谢它们的辛劳。过完新米节后，全寨人才能正式开镰收割。

火把节 布朗族又称"姑娘节"，是保山施甸、昌宁、永德等地布朗族的传统节日，在每年农历六月二十三日至二十四日举行。火把节是彝族的主要节日，受当地彝族的影响，布朗族也过火把节，内容主要是祭五谷大神，祈求五谷丰登。农历六月二十三日早上，全村各户的家长齐聚在村前的一棵树下，杀猪祭五谷。午饭后，在头人的带领下，大家还要到村外的山上祭神林（竜林），但妇女和12岁以下的儿童不能参加。届时，各户携带米、酒等物，在神林树下煮饭，并杀猪分肉。二十四日中午，各户要准备酒、肉供品，杀鸡一只，前往玉米地祭山神，祈求玉米、麦子、旱谷等农作物获得丰收。晚上，各家将事先准备好的火把点燃，先照屋内，后照老人，然后持火把照房前屋后的果木树，围着田地绕行一周，一路上要口念咒语，并在火把上撒松香粉，使之散出火星，以示烧掉害虫。

娱乐性节日

出行节 出行节是保山施甸布朗族的传统节日，主要内容是进行比武活动，实际上是年节活动的一部分。布朗族是一个尚武的民族，每逢农历大年初一，全寨的成人男女拿起刀枪，带上贡菜、贡果之类的祭祀用品，到约定的地方进行比武活动或举行武术表演。在比武活动之前，先要敬献山神、路神，接着在离摆设贡品之处约100米远的地方设置一个靶子，大家有序地用火枪或弩箭进行打靶比赛。据传说，古代出行节的比武活动是打一只飞奔的牛，谁先击中目标谁就享受牛的头、蹄、心肝，其余的牛肉则平分给全寨各户。举行出行节武术比赛的目的是为了将布朗族青年训练成具有战斗力的群体，以提高狩猎技能和防御外敌入侵，之后逐渐沿袭下来，成为布朗族的一个传统节日，世代相传。

插花节 插花节主要是双江拉祜族佤族布朗族傣族自治县邦丙乡的布朗族过的节日，时间在每年农历二月八日。节日之前，要在寨心处搭好一棵花树，树上挂满纸条纸幡。节日当天的早晨，全村寨的妇女集中在村寨的场坝上，手持旗幡，列队上山采集野花，然后把花插在寨心的花树上，将花树装扮得十分漂亮。全寨人双手搭在前面人的肩头上，绕花树围成一圈，在蜂桶鼓、象脚鼓、锣等乐器的伴奏下，跳起欢乐的舞蹈，一边跳一边向花树上撒爆米花，以祈祷村寨平安吉祥。之后，大家又手牵着手，绕着村寨跳一圈舞蹈，寓意整个村寨的团结和兴旺。跳完舞蹈后，姑娘、小伙们就弹着牛腿琴、吹着口弦，到邻近的村寨串姑娘，寻找自己的心上人。

唱灯会 唱灯会是施甸县布朗族的传统民间节日，时间在农历每年正月初二至十五日，实际上也是年节的一部分，内容主要是村民邀请唱灯队去家里表演，以增加喜庆的气氛。在节前，唱灯队成员就要组织起来，先祭供"郎神"，然后开始扎灯。扎灯要扎两盏方形灯、两盏瓜形灯、一盏姑娘灯（花灯），还要扎一顶类似于旱船的花轿。灯扎好后，便派人到有条件邀请唱灯的人家送灯帖，主人若收下灯帖，便表示欢迎来唱灯，就可安排时间前去唱灯。两盏方形灯在前，姑娘灯、瓜形灯、花轿和武术队在后，在"灯头"的率领下一路吹唱着来到主人家，将五盏灯笼高举于主人家的厅堂前，然后"灯头"先唱贺词，祝福主人家人寿年丰，平安吉庆，财源广进，万事和顺。接着以花轿为中心，舞者载歌载舞，唱着祝福祥瑞的歌，祝福主人家吉祥幸福，最后，唱灯队还要表演武术与杂耍，场面热闹非凡。唱灯结束后，主人家要给灯队赠送米、酒和钱，以表酬谢。

4 日常礼俗

布朗族作为一个古老的民族，在其生产生活中创造了灿烂的民族文化。由于生存条件的限制，布朗族社会处在相对封闭的状态，历史上布朗族与其他民族的交流较少，因此其传统文化和风俗习惯得以较完整地保存下来，成为中华民族多元文化中的一道亮丽风景。

婚嫁习俗

成人仪式　布朗族的男孩与女孩到了十四五岁时，要举行一种名为"吉"的成人礼仪式，即"漆齿"仪式。每年的开门节以后，寨中达到成人年龄的少男少女都会在夜晚相聚在火塘边，用铁锅片接取红毛树枝（布朗语称"考阿盖"）燃烧后的黑烟灰，然后为异性染齿，将对方的牙齿染成黑色。布朗族青年只有经过染牙才算成年，才可以公开参加村寨中的各种社交活动，获得恋爱、婚配的权利。男青年除了染齿外，还要被送入佛寺做一段时间的和尚，才能获得正常的社交活动资格。此后，男女青年便换上表示成人的装束。姑娘们开始用火麻纺线缝制送给心上人的花草鞋，小伙子则要四处拜师，学习能打动自己心上人的情歌，并准备银耳环、银手镯等首饰，作为送给自己心上人的定情信物。

布朗族姑娘的定情信物——花草鞋

串姑娘 串姑娘是布朗族青年传统的恋爱方式。每到春暖花开的月夜，小伙子们就换上新装，弹起牛腿弦，三五成群地相约来到姑娘的竹楼下，争相用热情的歌声去打动意中的姑娘。梳妆打扮好的姑娘也早早燃起火塘，打开房门，热情邀请小伙子们进来，用对歌、递烟、敬茶等方式来试探小伙子是否对自己有意。在对唱谈笑之中，若姑娘对某个小伙子有意，便会借机与之一唱一和地对唱，其他小伙会意后，便会知趣地悄然离去。最后只剩下一对情侣围着火塘倾心交流,直至黎明。当双方都有意时,姑娘便会将自己精心编织的花草鞋赠予小伙子,小伙子则将事先准备好的首饰等信物回赠给姑娘,双方初步确定恋爱关系。佯装睡去的姑娘的父母如果也中意小伙,当晚便会允许小伙与姑娘同宿。如果姑娘觉得来串门的小伙子中没有自己中意的人,姑娘可以不理,但她的父母必须出来迎接,否则被视为失礼。因为在姑娘的父母看来,踏进自家竹楼的小伙子越多,说明自己的女儿受欢迎程度越高。他们认为这是件很有光彩的事情。小伙子们进门后如果得不到姑娘的招待,也会知趣地自动离去。先到姑娘家的小伙子必须热情招待后来者,否则也被视为失礼,甚至会引起误会。小伙子们串姑娘时可以成群结队去拜访,也可以单独夜访。确定恋爱关系的男青年,一般会在很晚的时候才去拜访自己的对象。热恋的青年男女坐在火塘边,姑娘一边纺线,一边与男友倾心交谈。

布朗族青年串姑娘

勐海地区的布朗族青年也有以花来传情的。小伙子如果对某位姑娘有意,就亲手摘一束白桂花,请人转送给心仪的姑娘。若姑娘也有意,就会捎口信邀请小伙子到家里玩。如果姑娘的父母对小伙子也中意,那么小伙子下一次来访时,便可以与姑娘约定再次相会的地点和时间。姑娘头上插上白桂花,即表明自己名花有主,其他小伙就不会再来打扰。

虽然串姑娘时彼此你情我愿的青年男女就可同宿,但要真正结婚成为对方嘎滚的成员还为时尚早。布朗族对婚姻中的礼节十分重视,从请媒说亲到正式迎娶,要经过说媒、过礼、吃定酒、迎亲、回门等许多复杂的仪式,充满鲜明的民族特色。青年男女通过串姑娘彼此你情我愿后,小伙子就会告知父母请两个媒人到女方家说媒,媒人负责提亲、压罐酒、定婚期、过彩礼等事务的办理和男女两家的沟通。媒人要领着小伙子,带上茶叶、草烟、酒等礼品,多次到姑娘家说亲。如果女方父母、亲戚一致表示同意,收下礼物,姑娘家就会请亲朋好友和头人来吃草烟和喝茶,公开女儿的亲事。媒人则择机再带上米花、芭蕉等礼品送到姑娘家,商定吃定酒的事宜。之后,小伙子还要在伙伴陪同下,到姑娘家替老人烧茶、做家务,接受老人考察。如果女方父母满意了,男家就会择日借姑娘家的锅灶蒸一甑子糯米饭,做一些美味佳肴,请姑娘家的亲朋好友聚餐,向村寨的其他男青年宣布这个姑娘名花有主,这就是"吃定酒"。吃过定酒以后,双方就可商量择吉日举行婚礼。

布朗族人的婚礼一般要举行2~3次,时间只能在开门节

（傣历十二月十五日）以后才能举行。第一次婚礼必须在男女同床后的一年内举行，一般定在定亲之后。新郎到新娘家正式同居的那天之前，男方家要杀猪"过礼"，将一半猪肉送到新娘家，婚礼酒席由新娘家举办，还要将猪肉切成小块，用竹篾串起烘烤，分送寨中各户，新娘则要被接到男方家举行拴线仪式。新郎家要置办丰盛的酒席招待村寨长老、头人和族长，并请他们为新郎、新娘举行拴线仪式，象征着新郎和新娘的心和灵魂拴在一起了。之后，新婚夫妇要用芭蕉叶包一包饭和一包菜到佛寺去行滴水礼，请佛爷念经祷告和祝福。仪式结束后，新郎、新娘各回各家。这次婚礼后，新郎夜宿新娘家，白天仍回自己家生活和劳动，女方也不属于男方家嘎滚的成员，直到举行第二次婚礼，新娘才正式嫁到夫家，成为夫家嘎滚的正式成员，这就是布朗族"望门居"的婚姻习俗。望门居的时间一般为2~3年，在此期间，如果夫妻感情融洽，就可以举行第二次婚礼；而感情不和的，就不再举行什么仪式，男方与女方不再来往，生育的孩子由女方家抚养，属于女方嘎滚的成员。

有些地方的布朗族在举行第一次婚礼时还有"偷婚"的习俗。当预定的婚期来临时，新娘和女伴们就在半夜鸡叫时分悄悄来到新郎的住处，推醒新郎，轻轻说声"时间到了"，新郎立即起身背起早已准备好的挎包，跟着新娘及其女伴们来到女方家，叫作"偷女婿"。新郎走上新娘家的竹楼，等候在竹楼门口的岳母要将准备好的一件新上衣送给他，新郎则从挎包里取出一对蜡条插在门上，作为结婚的象征。新娘家屋里早已宾客满座,新人进门后双双跪在老人们面前,由村寨头人、长者和亲友将白线拴在新娘、新郎的手腕上,然后新郎、新娘要去佛寺拜佛。如果女方到男方家落户,就在男方家办酒席,在第二天鸡叫以后,由新郎和他的同伴悄悄把新娘接到男方家,叫作"偷新娘"。

布朗族"偷新娘"

第二次婚礼更加隆重,新娘正式出嫁到男家,成为男方嘎滚的正式成员。第二次婚礼分过礼、正客、回门三个程序,一般持续3天,男女双方家里都要备办菜肴成双的丰盛酒席,请本寨乡亲及双方亲戚欢宴。新娘到夫家的头一天,男方家要杀一头猪,分一半连同其他筹备婚宴的食物、酒肉等礼物送到女方家,称为"过礼"。正式迎亲的这天称"正客",新郎在伴郎、媒人和众多青年男女的陪同下，一路吹吹打打到新娘家娶亲，新郎要向新娘家的祖先牌位和新娘的父母行叩拜礼，然后迎亲的队伍接上新娘，抬着陪嫁的物品，一路上燃放鞭炮，高奏鼓乐，喜气洋洋地来到夫家。也有一些地方的布朗族新郎不去迎娶，新娘由一群伙伴陪伴送到新郎家。新娘要在出门时和到新郎家的路上放声痛哭，诉说父母、家人的恩情和与伙伴们的别离之情，这就是布朗族的"哭嫁"。新娘胸前要挂一面镜子和一把剪刀，手撑一把黑伞，寓意避邪护心，去除路上精怪的阻拦，遮挡不祥之物的冲撞。

到了夫家门口，婆婆要给新娘一条新筒裙，新娘把这条筒裙和第一次婚礼时母亲给新郎的上衣叠在一起，以示夫妻今后永不分离。新郎、新娘进入竹楼后，要坐在堂屋中间摆放供品的篾桌旁，一人伸出一只手按住桌沿，由村寨头人或佛爷、德高望重的长者为新人祝福、祈祷，然后举行拴线仪式，家族中的老人们也轮流给新郎、新娘拴线祝福。之后，主人家宴请宾客，晚上主人家和宾客则欢聚在新郎家周围的空地上彻夜打歌。众人踏着古老的节拍，由打歌头引领，边舞边唱，祝福新人平安幸福。第二天，新婚夫妇要带着礼物回新娘家认亲，叫作回门，但当天日落之前必须赶回。如果新郎家与新娘家相隔太远，无法当天返回，可以在举行婚礼7天后新婚夫妇同到新娘家住一夜。按照布朗族的传统习俗，只有举行第二次婚礼的青年男女才算是正式结婚。

勐海县部分地区的布朗族，还要举行第三次婚礼，这次婚礼一般在婴儿出生之后举行，要杀猪宰牛，请寨中头人、长老

布朗族婚礼场面

及双方的亲朋好友来喝喜酒。

布朗族实行严格的一夫一妻制,严禁纳妾,否则要罚一定的钱物,并被逐出寨外。婚外性关系也为村寨所不容,一经发现,要由头人出面对犯事者进行处罚。如果非婚有孕,也要处罚当事人,但不歧视非婚生子。

布朗族实行氏族外婚制,同一嘎滚内的男女和其他有直接血缘关系的男女禁止通婚。不同嘎滚之间的通婚应排除有母系血缘关系的家族,姑舅表婚是被禁止的,即女方不能嫁入母亲娘家的嘎滚,男方也不能娶与母亲有血缘关系的嘎滚的姑娘为妻,这反映了布朗族母系氏族制的禁忌习俗。男女婚恋一般限于本村寨内部,到外寨寻找伴侣的情况不多见。因为布朗族认为,只有在村寨中找不到合适对象的人才会到外寨找。如果两个嘎滚相互嫁娶，布朗族称为"嗯霍鄂克"或"嗯少"，即家族对亲，这种婚姻在举行婚礼时，双方的父母都不会参加。

布朗族妇女出嫁后很少回娘家，婚后也极少离异，如果两人感情不和，多数夫妻选择分开居住而不是离异。如果非得离婚，也比较自由和简单，主动提出离婚的一方只需要给对方一对蜡条作为凭据，带走属于自己的东西即算离婚，不必经父母同意，也不必经过中间人。也有用一对蜡条从中剪断，双方各持一半表示离婚的。离婚时财产的分配视婚姻存续时间长短做不同处理。结婚时间不足三年的，双方可带走自己结婚时带来的财产；结婚超过三年的，则财产平分，未成年子女一般随母亲生活。妇女离婚后有改嫁的自由，一般不实行转房制，可以自由外嫁到其他家族内。寡妇再嫁必须请家族族长为其举行拴线仪式，表示割断与原夫家的联系。离婚仪式，女方一般不参加，由其父或兄做代表参加。

丧葬习俗

布朗族的丧葬习俗各地基本相同。村寨中有人死亡，死者亲属要在屋前竖起一根高幡，并向村寨头人报丧，再由头人通知全寨的人停止劳动一天，请佛爷或巫师念经驱鬼，超度亡魂，然后亲属替死者洗澡，更换新衣服，用茶叶、芭蕉果、饭团、蜡条等捆在死者手上，将死者装入棺椁，并用一根白线拴在死人的大拇指上，线头露出棺外。当抬棺材出门时一刀砍断白线，表示死者从此脱离家庭，斩断鬼魂的归路。亲友、寨人闻讯后要到死者家里，与死者告别，并携带米、鸡、羊等作为丧赠。死者一般在当天下葬，当天来不及下葬的，也必须在三日内出殡,并要派人守尸,忌狗、猫闯入。

布朗族的每一个村寨都有自己的公共墓地,位于寨子后山,以家族或姓氏划分开来,互不侵犯。村寨的墓地被视为神圣之地,不允许外人进入,也不允许砍伐坟山及周边树林,也不能采摘坟山上的树叶和枯枝带回村寨。能够进入公共墓地安葬的死者必须在本寨居住两年以上,本寨人死在寨外的也不能进入墓区安葬,只能由家属另找地方单独埋葬或就地安葬。布朗族墓地实行台葬,从高到低分为三台,按照死者年龄大小分别葬于不同位置。最高一台安葬老年人,中间一台埋葬青壮年死者,最低一台埋葬夭折的儿童。此外,布朗族村寨还有一处专门埋葬凶死者的墓地、一处专门埋葬难产而死的妇女的墓地和一块专门埋葬僧侣佛爷的墓地。孕妇难产而死的还要剖腹取出胎儿,与母体分别埋葬在不同的墓地。由于墓地范围有限,埋葬后又不垒坟和设任何标志,年久日长,同一地点往往埋葬着多具不同辈分、不同性别的尸骨,因而又形成叠葬。

葬礼开始之前,死者家属要把通往墓地的道路打扫干净,死者的妻子和年纪较小的子女不能参加葬礼,以后也不准去扫墓,妇女也不得参加葬礼。出殡前,先由寨里的长老做祈祷,用香樟树枝蘸水泼洒竹楼四周,召曼则站在阳台上高呼,警告寨里活人的灵魂不要跟着死人去,同时警告亡魂不要带走活人的灵魂,也不要再到寨子里来,然后人们才把棺材抬下来。出村前往墓地时,死者的脸要始终向着寨子。召曼手持火把走在送殡队伍的最前头,4个小伙子抬着棺椁,其他人则抬着死者

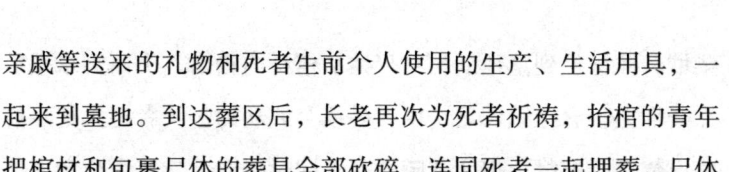

亲戚等送来的礼物和死者生前个人使用的生产、生活用具，一起来到墓地。到达葬区后，长老再次为死者祈祷，抬棺的青年把棺材和包裹尸体的葬具全部砍碎，连同死者一起埋葬。尸体一般头朝东，仰面直葬。然后，大家再从另一条路先返回本寨的缅寺，用热水清洗全身，大佛爷为其念经，举行跳火仪式，才能回到寨里。送葬人从墓地返回的路上，每个人都要跨过一支点燃的香火，召曼要走在队伍的最后面，边走边念咒驱鬼，为全寨人叫魂，把人们的灵魂喊回寨子。

在丧葬活动中，死者家属要请佛爷到家里念"指路经"给死者亡魂指路，并为死者家庭成员举行"康欢"仪式，即关住活人的灵魂不让死者带走。死者家里的男女老少把帽子、包头巾脱下来放进饭甑内藏好，盖上盖子，直到送葬结束后才能将帽子、包头巾取出来使用。送葬人回到寨子后，召曼还要到寨心处祈祷，请求寨神保佑活着的人无灾无难，长命百岁。晚上，送葬的人还要到佛寺举行滴水仪式，把佛爷念过经的清水洒在每个人的头上，表示洗去了鬼魂。此后7天内，丧家每天要去佛寺送饭、送肉，并举行滴水仪式以祭奠死者，以后不再去墓地探视。

布朗族一般实行土葬，但吊死、被杀、传染病等凶死者则实行火葬，若孕妇难产死亡，还要剖腹把小孩拿出一起火化。布朗族将火葬视为一种特殊的丧葬礼仪，僧侣、佛爷和头人实行火葬，高寿老年人去世一般也采取火葬，表示对老人的尊敬和爱戴。但对凶死者等实行火葬的含义则与前者不同，目的是借火驱邪除魔。火葬时，死者家属要从家里背柴禾到墓地架起柴堆，棺材抬到墓地后，将尸体从棺材内抬出，头西脚东平放在柴堆上，念经镇邪后，由召曼或会武功的年长者持火把点燃柴堆焚尸。棺材、担架及随葬品等同时烧毁。骨灰由死者家属扫成一堆，任凭风吹雨淋，并不掘穴安埋，也有把骨灰盛入小土罐内安埋的。

生活习俗

布朗族是一个很讲礼仪的民族，日常生活中有很多独特的习俗，不论是婚丧嫁娶、穿衣饮食、起房盖屋，还是生产劳动、结亲交友，都要遵守一些传统的礼俗规定。这些礼俗与布朗族众多的宗教信仰和生活禁忌有关，贯穿于布朗族社会生活的方方面面，同时也是布朗族处理人与自然和人与人之间社会关系的重要方式。

拜认干亲　拜认干亲是布朗族一种重要的民间习俗，意指为孩子找一个干爹（塔袜）或干妈（牙袜）。如果小孩出生后体弱多病，或经常夜哭，父母就会考虑为孩子找一个干爹或干妈。孩子的父母请佛寺里的佛爷或村寨龙头、安章卜卦取吉日后，就可以选择干亲。在临沧双江拉祜族佤族布朗族傣族自治县的布朗族拜认干亲的方式主要有杀鸡看饭认亲（布朗语称"嘎毗"）、偷土认亲、鸡蛋供奉认亲、偷子认亲和直接拜认几种形式。杀鸡看饭认亲是布朗族拜认干亲的主要形式，主人家在所择吉日的头天晚上要选好一只鸡（男孩用母鸡，女孩用公鸡），用清水将鸡爪和鸡嘴洗净，全家人围坐在火塘边，孩子的父母或长辈抱着鸡在孩子头上来回绕几圈，边绕边虔诚地祈祷，然后将鸡单独关好。第二天早上，主人家将鸡放出，任由其在寨中转悠，主人家暗中尾随，鸡最先进入那家，就会请他（她）做孩子的干亲。如果征得同意，主人家马上杀鸡做饭，请塔袜或牙袜给小孩取名，名字中要分别含有主人家的家族名和干亲嘎滚家族名中的各一个字，表示孩子与所认干亲是一家人了。然后由干亲为小孩举行拴线仪式，将红、白、黑三种颜色的线搓成线绳拴在小孩的胳膊上，象征着小孩的魂从此与"塔袜"（或牙袜）拴在一起了。主人家用饭菜祭祀家神后，全家与"塔袜"（或牙袜）一起就餐，拜认干亲活动就完成了。

偷土认亲是主人家请佛爷卜卦择吉日后，在夜深人静的时候偷偷跑到平时关系处得较好的人家去拿一小块瓦片或墙土，放在经常夜哭的孩子的枕头下。如果孩子连续三个晚上停止哭闹，则请瓦片或墙土的主人家做小孩的塔袜（或牙袜），在征得同意后，就举行取名、拴线仪式，并请塔袜（或牙袜）到家中吃饭。

鸡蛋供奉认亲是主人家在选好吉日后，一大早就用一碗米和一个鸡蛋供奉在堂屋的饭桌上，当天一早第一个进家门的别家成年人即拜认为孩子的干爹（塔袜）或干妈（牙袜），之后也杀鸡做饭请干爹、干妈到家里吃，并举行取名、拴线仪式。

偷子认亲是小孩的父母择吉日，与拟认作干亲的人事先商量好，故意让其将小孩"偷"走，第二天再要回来，同时请干亲吃饭并举行认亲仪式。

直接拜认是主人家直接选择那些身体健康、儿孙满堂、家庭和睦、人品较好的人做孩子的干亲。

文身 文身是布朗族的古老习俗。布朗族男子在十四五岁时就要施行文身,这是男子成年的标志之一。文身一般刺在四肢、胸、腰、腹部和背部,图案大致可分为鳞刺、字刺、形刺和蕨刺等。鳞刺形若鱼鳞纹,多刺在四肢和胸部;字刺是将傣文字母按所谓"咒语"或巫术需要排列成表格,刺在身上,也有刺佛教经文的;形刺图案大多是动物图形,如龙、虎、狮、象等,也有刺几何图形的;蕨刺其形若嫩蕨之尖叶。各种文身图案都要按"咒语"和巫术的需要构图,意在辟邪驱魔,消灾免难,保佑人身平安。

母子连名　布朗族的名字中没有姓,只有名。小孩出生3天后,父母请布占祭祀寨神代袜么、代袜那,要到佛寺中祷告,请佛爷为小孩取名。布朗族人的名字结构上还保留着母系氏族社会的遗迹,实行母子连名制,即将母亲的名字连在孩子的名字之后。布朗族人的名字一般由三部分组成,即性别字＋姓氏字＋母名字,但这里的姓氏并不是家族的姓氏,而是表示出生的月份或出生的长幼顺序,也可以是一些表示美好吉祥的字。名字中的第一个字表示性别,男孩用岩(音:ɑi),女孩用玉(伊);第二个字可以说是真正的名字,一般按出生月份、顺序命名或取一些表示吉祥的字。布朗族将一年12个月分别叫作晚帕、晚苏、晚赛、晚尔、晚丙、晚章、晚地、晚骚、晚坎、晚俄、晚敢、晚尼。如果是一月出生的,姓氏就叫"帕",依次类推。出生顺序命名则按男女分别排列:从长男到第八子分别叫滴、占、冈、布、帕、苏、骚、哄;从长女到第八女分别叫英、望、温、哀、纽、呃、哦、熬。如次子取名占、三女取名温等。当小孩的名字确定后,便将母亲全名的第二个字连在小孩名字之后，即子（女）名在前，母名在后。例如按出生顺序命名的母亲叫"玉帕英"的第二个男孩，可取名为"岩占帕"。

歌舞习俗

布朗族是一个能歌善舞的民族，布朗族青年从小就要学唱各种曲调，弹奏各种乐器。只要闻听竹笛响，上至白发苍苍的老者，下至蹒跚学步的儿童，都会翩翩起舞。在节日里以及结婚、赕佛、盖新房等喜庆日子都要用歌舞庆祝。布朗族有对歌的习俗，歌词一般即兴创作，通宵不散，有时甚至持续数日。

布朗族民歌称为"布朗调"，有十多个曲调，西双版纳的布朗调大致分为甩、宰、索、缀四种。甩调激扬抒情，用于在喜庆节日和庆典时对唱；宰调欢快活泼，用于抒发孤独忧伤的感情；索调用于唱各种习俗歌曲，以小三弦伴奏，多用来歌唱爱情和幸福生活；缀调则庄严雄壮，用于颂扬民族英雄和在盛大歌会中跳舞对唱。领唱者常根据场面即兴编唱歌词内容。布朗族舞蹈有喜庆舞蹈和佛礼舞蹈。对舞蹈的称呼，各地有所不同，西双版纳勐海的布朗族称"跳摆"，保山施甸、镇康的布朗族称"打歌"，临沧云县、普洱景东和墨江的布朗族则称"跳歌"。由于布朗族男子尚武，歌舞中多融入武术内容，如长刀舞、甩棍舞、拳术舞等。年轻人特别喜欢跳"圆圈舞"，在铓、锣、象脚鼓伴奏下，姑娘、小伙子们围成圆圈翩翩起舞，圈内男青年时而分散到姑娘面前与之对歌，时而又聚拢做虎跳状，尽情抒发心中的喜悦。

施甸布朗族的打歌活动

生活禁忌

布朗族有众多的鬼神崇拜,相应地,布朗族的禁忌也极其繁多,生活的各个方面都有一些禁忌。除了前文述及的各种婚姻、宗教等方面的禁忌外,还有下列一些主要禁忌。

妊娠和生育禁忌 在妇女怀孕期间不能填坑,房前屋后原有的木桩不可拔掉,不能补漏洞,不能让旁人踩到脚,不能吃献祭神灵的食品,不能砌灶,不能进入新娘卧室和与新娘正面相见,不能赕佛和参拜佛爷,不能参加别人的婚礼和葬礼,不拿绿叶和野兽肉进家门;产妇不满月忌串门,孩子出生后脐带不能丢失,胞衣要洗净后由丈夫埋在门槛内,生男孩埋在门槛左边,生女孩埋在门槛右边;妇女生产时男人不能进入产房,其他家庭的男人则不能进入产妇家。

居住生活禁忌 布朗族人认为火塘是家庭的象征,不论家人或客人都不能用脚蹬火塘和火塘上的铁三脚架，不能从火塘上跨过，也不能把别人用过的铁三脚架支在自己家的火塘上；客人不能背靠主人供"家神"的房柱，否则会给主人带来不幸；雷击过的、断了梢的、藤条缠身的和供过神灵的树木不能做建筑材料；不能用缅树、菩提树、日食和月食照耀过的材料以及在水塘边能看到倒影的树木做建材；做"中柱"的树木在砍伐时不能出浆，否则必须另砍；禁止任何人背靠房屋中柱和在中柱上拴马；走路时忌讳与别人擦肩而过，也不能从坐着的人腿上跨过；外人不得进入主人的寝室，只能住在客厅的火塘边；登布朗族竹楼时要脱鞋或换拖鞋；外人不能触摸布朗族男子的头帕；严禁触摸村寨寨门和进入、敲打寨心；牛、猪、羊等四只脚的动物不能在寨子中宰杀；出门不能在单数日子；禽畜属相日不交易该属相的禽畜，如丑日不卖牛，未日不卖羊，子、午不卖骡马，卯、酉日不卖鸡鸭，巳、亥日不卖猪。

祭祀禁忌　家神神位除家长外禁止触摸；祭"寨神"时禁止外寨人入寨，本寨成员在3天内也不准磨刀、背水、高声喧哗、吹口哨、玩乐器、动土和修建房屋，也不准出入寨子，不允许任何人接近竜树；禁止砍伐神树及其周围的树林，不准在竜林中挖土取石，更不允许任何人在神林区内大小便。

性别禁忌　妇女不得进神坛参加祭竜；妇女路遇和尚必须恭让于对方，不能触摸和尚的头和衣服，要与和尚保持一定的距离；男子外出时妇女禁留男客住宿；不得从男人面前横过；

女性衣裙不能放在家神柱上；禁止妇女动男子弓弩；和尚住宿的地方不准女人进入；男人不能从晾晒的女人衣服下方穿过；男人不能洗女人的衣服。

宗教禁忌 进入佛寺要脱鞋，不能吸烟，不能摸佛爷、和尚的头；佛寺内佛龛前的台板地和佛爷、和尚的卧室不能随意进入；关门节期间僧人不得在寺外留宿和串寨。

丧葬禁忌 死者尸身忌猫、狗跨过；死者身上的所有金属物件不得装入棺材；在寨外死亡者禁止抬入寨子；村寨举行重大活动时，寨中病危者在断气前应抬到寨子外，不能在寨中断气死亡。

四　文学艺术与传承教育

1　民间文学

布朗族流传着许多神话传说，其中神话有《顾米亚》，其为最完整、最生动的神话故事。此外，还有许多传说，如"埋吉薄僚""打歌""阿腊瓦嘎"等。

"埋吉薄僚"传说　西双版纳傣族自治州的布朗族竹楼造型颇具特色。在每间竹楼顶上的两边都有用两片龙竹（或木条）交叉的角，此习俗源于一古老传说。从前，在嘎比纳瓦涂有一对贫穷的老夫妇，一日，一场暴风雨的来临使他们居住的茅屋塌了。在乡亲们的帮助下，他俩重建竹楼，人们把竹竿剖成两片绑在屋顶斜面两边，压住草排免得再被风刮跑。这种两片竹片交叉的角，布朗语称为"埋吉薄僚"。三年后，压在草排上的竹片居然发出芽来，乡亲们都来看稀奇，纷纷说："这是好兆头哩！"大伙儿唱歌跳舞庆祝，还送银子给老两口，表示祝贺。嘎比纳瓦涂的"召勐"听说了这件事,派人前来拆房抓人,老两口只好把乡亲们送给他们的银子送给"召勐"才买得一条生路。他俩连夜逃出嘎比纳瓦涂,乘上竹筏在海上漂了七天七夜,被维滴哈的"召勐"救上他的大船。维滴哈的"召勐"知道事情原委后,便带着老两口经过七天七夜航行来到嘎比纳瓦涂,对嘎比纳瓦涂的"召勐"说:"你的地方有枯竹发芽是你的福气呀!我想有这样的福气还得不到哩。你不要就给我吧。""有什么用呢?""遮风挡雨,繁荣昌盛。""果真这样,留在我的地方多好!""那么你把两位老人驱进大海,就不管了?""让他俩做我的父母。"嘎比纳瓦涂的"召勐"还真说话算话哩,派人给两位老人换上新衣,扶上宝座。嘎比纳瓦涂与维滴哈结成友邻,庆祝了七天。维滴哈的"召勐"送给嘎比纳瓦涂的"召勐"许多礼物。嘎比纳瓦涂的"召勐"又把它们送给老夫妇。老夫妇把发芽的"埋吉薄僚"的一片留给嘎比纳瓦涂的"召勐",把另一片送给维滴哈的"召勐"。以后,布朗族人就依照老人所做的样子,在盖房时做"埋吉薄僚",为的是得到幸福。

"打歌"传说 打歌是滇西地区布朗族经常举行的歌舞活动。关于"打歌"的起源,保山市施甸县有几个传说。流传较广的一个版本是:有一位和尚会给纸人作法,平时他把纸人压在木柜里。一天,他要去保山买桐油,走时再三告诫弟子勿开木柜。他走后,小和尚好奇地打开木柜,立即从中飞出许多纸人。和尚走到保山南数里的诸葛营,见到纸人四处飞舞,便请雨神喷水来淋湿它们才未酿成灾祸。官府追究下来,和尚诬称纸人是蒲满阿家土司所造。官府于是派兵征剿阿家。阿家土司和百姓四散逃亡。族中老人提议,用打歌的方式聚集族人,号召族人起来反抗官家。另一种说法为:布朗族阿家土司养的一匹龙马生出一匹飞马,被皇帝看中,应诺封土司为"伙头",给他一块地盘,东至今昌宁县的卡斯河,南至今施甸县的勐波罗河,西至摆邑河,北至今保山市的南门脚。可是,皇帝得到宝马后不仅没有兑现诺言,反而带兵来攻打土司,重新占了阿家的土地。阿家无处栖身,向外逃亡。老人说:"我们'打歌'吧,打'翻身歌',日子会好起来的。"

"阿腊瓦嘎"传说　勐海县布朗山曼峨寨的布朗族敬奉阿腊瓦嘎。关于阿腊瓦嘎的传说版本较多,比较全面的说法如下。阿腊瓦嘎原是陇南山的魔王。他派一魔将变成金鹿诱使"召片领"帕雅阿拉武从勐老昼夜追至陇南山后被抓捕。阿腊瓦嘎准备吃掉帕雅阿拉武,帕雅阿拉武求饶,并答应回去后每天献一个人给阿腊瓦嘎吃。后帕雅阿拉武兑现承诺,但当百姓被吃完了,最后他只能把自己的儿子召公满送去给阿腊瓦嘎吃。"帕召"(佛祖)"果达玛"受到感应,来陇南山降魔。阿腊瓦嘎化为凶龙扑来。"帕召"招来硕大无比的金翅鸟去啄龙,龙只好逃遁。阿腊瓦嘎又变为一头野牛,狂奔来撞"帕召","帕召"扬手招来猛虎,吓得野牛落荒而逃。阿腊瓦嘎再变为凶恶的大象,"帕召"招来麒麟与之相斗。阿腊瓦嘎口中喷火,火中夹着刀、箭,如雨般向"帕召"射来。"帕召"光华四射,照耀得魔王目眩牙落,痛苦万分,请求免死,愿将召公满放归,自己皈依佛法。"帕召"授予他法名"苏纳"。

"三岗别岗"传说 "三岗别岗"意为"三首领、八头人"。布朗山及勐混流传着这样的传说,勐混早期有三个领袖、八个头人,即三个哈尼首领率众在南嗨河北部居住,八个布朗头人率众在南嗨河南部居住,统称"卡细先玛麻"(有四位首领的骑马的部落)。布朗族人多势大。傣历五〇〇年(1138)左右,在布朗族帕雅卡圈统治的时代,由西双版莫号(十二千土锅)分出的傣族在帕雅景汗的率领下,由布朗山打进来。数十年后,把布朗族、哈尼族赶上山去了。这则传说产生的时代是在12世纪的南宋时期。"三岗别岗"的传说在《西双版纳历史》(第三册)记载较详。据记载,哈尼族和布朗族是西双版纳"卡细先玛麻"的一部分,其中布朗族人口较多,一直居于统治地位。约在距今800年前,在布朗族帕雅卡圈统治的时代,由"十二千土锅"中分出的傣族,在帕雅景汗的率领下,由南面的蒲满山打进来,并在蒲满山一带相持数十年。历年战争使人民生活非常痛苦。帕雅卡圈死后,帕雅景汗重金赠予其子帕雅龙真,帕雅龙真便率领历经战乱的哈尼族和布朗族人退向西山。傣族进入坝区后,帕雅景汗与帕雅龙真协商,以火烧水淹定界——凡火烧到之处属哈尼、布朗两族的地区,水淹到的地方归傣族所有。

"四眼四耳王"传说 "四眼四耳王"是流传于景洪市小勐养、昆格山、景勒、嘎洒一带的关于布朗族部落首领的传说。很久以前,"召片领"建都于景洪后,在靠近汉族的地方,有一个大部落叫"卡三西双欢玛麻"(意为:有32个马鞍子部落的民族),有一座城叫勐敢(位置在今之勐养、勐往、澜沧江之西交界处）。统治者名叫"召法细达细喝碟"，又称"召细达细喝"。他有四只眼睛，能看千里，有两双耳朵，能耳听八方。他势力极为强大，勐养、勐往、勐康、景勒等地都由其管辖，曾有"卡细先玛麻毫嘎勐敢"（勐敢每街都有40万匹马，很是热闹）之说。"召片领"很早就想征服"召细达细喝"，只因力量悬殊，一直没动手。他们准备很久后想去攻打，刚发布完命令就被"召细达细喝"听到。当他们攻来时，被早有准备的"召细达细喝"击退，接连几次都没能成功。于是"召片领"使用美人计，把自己美貌的女儿嫁给"召细达细喝"。最初几年"召片领"还不敢轻举妄动。后来，"召细达细喝"渐渐被美色迷惑，"召片领"便以探亲为名，用百种肮脏之毛做了一顶帽子，送给"召细达细喝"。"召细达细喝"刚戴上，背后的两只眼睛就掉下来了。"召片领"的军队马上冲杀过来。"召细达细喝"招架不住，仓皇出逃，所属族人大都逃出境外。

"艾棱"传说 关于艾棱的故事，民间流传较广，形式多样，比较有代表性的是《艾棱传》，它篇幅较长，大致可以分为七个部分。(1) 突围。传说艾棱的父亲刚坎是"扫恨扫帕"（石房石洞）地方的首领。一次外族用计诱使当地人砍掉臭菜刺蓬，攻进"扫恨扫帕"，刚坎战死，艾棱三兄弟分别逃走。(2) 建勐。三弟艾棱被突围的布朗族人选为首领，在曼扫乃扫弄率领族人开荒辟地，以种植农作物为生。(3) 结盟。傣族首领来攻打艾棱的地盘，艾棱与他们和解，喝血酒结为同盟。(4) 结亲。艾棱以忠诚和勇敢赢得傣族首领帕雅棱宛的第七位公主朗腊的爱情,二人结为夫妻。帕雅棱宛十分欣赏艾棱,封他为金伞大帕雅。(5)谋害。其他的六位傣族姑爷十分嫉恨帕雅棱宛喜爱的艾棱,设计诱使他爬上一棵已被他们拦腰锯开一半并加以伪饰的大树,艾棱随着倒塌的大树坠入澜沧江而死。(6)死恋。艾棱死后变成了"召天龙",每夜都会前来与妻子朗腊相会。朗腊不久怀孕,其父怀疑女儿行为不轨,命人在竹筏上放上食物,令女儿坐上竹筏沿澜沧江漂流,竹筏漂至勐罕。(7)遗教种茶。"召天龙"带着象、马来接朗腊,给当地百姓带来"皎命法",他说:"如果送你们金银,你们会用完,送黄牛、水牛也会染病死掉。现在送你们'皎命法',可保你们常在,使你们经常在我火笼边(身边)。"从此,布朗族的百姓有了茶树。

《三尾螺》《三尾螺》是布朗族文学中的精品。这个传说在傣文典籍《泐史》《西双版纳召片领世系》等书中均有记载。故事内容大致为:某一天,一女子得了一个三尾螺,顿时美若天仙,无人能比。一日美女携三尾螺到景兰街市,恰逢道罕勋出游街市,见女子很美丽,就娶她作王后。两人婚后感情很好,但很久没有子女。女子对道罕勋说:"也许是我同父母久居山上因而没有儿子。我们山里有规矩:如果无子,可以用金子包摇篮一个,请巫师在山上招魂、拴线,就可得子。"道罕勋即命人包金摇篮一个,送至这位女子父母所居的地方——曼雷招魂。后来王后果真生得一子,聪明漂亮,取名道西拉抗。有一日王后到晒台,拿出三尾螺把玩,不慎失手,三尾螺被一母猪吞食,王后容颜顿失。自此以后,道罕勋即厌弃王后。

"木老元"的传说 保山施甸县的一个"本人"（当地布朗族人自称）村寨叫木老元，它原本叫木龙园。为什么叫木龙园呢？传说保山易罗池（九龙池）里的小白龙与姚关的老黑龙争斗，小白龙失败，去搬救兵——他的儿子户部侍郎张志淳（传说张侍郎的母亲有一天到易罗池洗衣，突然一阵太阳雨点落在张侍郎母亲身上，回家后便身怀有孕。十月怀胎生下张侍郎）。张侍郎请木匠做了一条木龙，然后放进枯柯河，以助战小白龙。黑龙因木龙的参战败退，逃回姚关黑龙洞。池水迅速退落，木龙被挂落在一个山洼间。从此以后，"本人"祖先为纪念木龙，就把此地称为木龙洼，又叫木龙山。明末清初，滇西发生消灭十大土司的事件，施甸的"本人"阿姓土司也被围剿，百姓有的改姓，有的逃亡。阿祥和阿山两兄弟一起逃到木龙山居住。阿祥在"依哈"（老寨）种地，阿山在木龙山下种田。兄弟俩把木龙山下的田称作"木龙园"。年深月久，"木龙园"逐渐演变为"木老元"。

《两把神刀》《两把神刀》产生于明代，在施甸县姚关村、木老元村一带流传较广。在从施甸县城方向进入木老元村的陡峭山道路口，一左一右高耸着两座山峰。历史上凡属本地人，从这里走过时，个个都是低头缓行，悄声悄气，唯恐惊动了那"藏剑峰"上的两把神刀。相传，这一雌一雄两把神刀在过去那些强盗土匪、官兵恶霸横行的日子里是护寨的宝贝，十分灵验。只要山下的歹人悄悄有点什么动静，还未待他们爬上半山坡，这对神刀就会对寨子发出警报，寨子里的男人就马上聚集起来,手持长刀等把歹人驱下山去。这两把神刀的来历是这样的:传说布朗族战士阿兴是邓子龙将军帐下的一名士兵,在对敌作战中智谋双全,英勇善战,频建奇功,为战争最后的胜利立下汗马功劳。邓将军对这位英勇无敌之人很是欣赏,要奖赏他。阿兴却只请求让他的家乡木老元那块地方永世不纳粮,不交官税,让乡亲们过点温饱日子。邓将军答应了他,并赠送他一对宝刀。阿兴带着宝刀解甲归田。临终时,他嘱咐后人把这对宝刀放在家乡的山道口,以期永远守护家园。

《依梅》 《依梅》是流传于凤庆县、昌宁县、施甸县的长篇传说:万历十二年(1584),邓子龙在今施甸县姚关村攀枝花山设陷阱,大战东吁王朝侵略军,勾结外敌入侵的岳凤及其子曩乌驱策战象烈马径直杀向顺宁城,顺宁危急。突然,一声锣响,杀出一支劲旅,就是依梅所率领的布朗族农家少女。她们挥刀斩象鼻,众象负痛狂蹦乱窜,倒冲敌阵,敌军惊慌失措,一片混乱。依梅挥军掩杀,大获全胜。敌军溃不成军,自此之后不敢入境再犯。

"西定"传说 "西定"系傣语地名,意为拉琴。"西",是拉或演奏;"定",是傣族的玎琴。"西定"传说是佛祖释迦牟尼听布朗族拉琴的地方。传说,佛祖释迦牟尼云游四方讲经传教时,听说大山深处居住着一个叫作"布朗"的民族,便不辞辛劳,跋山涉水,到深山中寻找"布朗"的住地,想要在"布朗"弘扬佛法,让这个民族皈依佛门。佛祖和他的几个弟子,在勐遮坝子附近的山上转了几天,翻山越岭,涉水钻林,终于在大山沟里找到了一个"布朗"村寨。这里的人穿着破衣烂衫，住着低矮的草房，但他们对佛祖十分虔诚。人们见佛祖跋山涉水地来到山寨讲经传教，拿不出什么果品招待，只好拿出玎琴，拉琴恭迎佛祖。佛祖本来不喜欢唱歌，也不喜欢听琴，但见人们出于诚心，只好静心听"布朗"演奏。佛祖在人们奏完一曲以后说："你们大家都会拉琴，这地方就叫西定吧！"从此，人们就把那一带山区叫作西定。据说，当年"布朗"拉琴恭迎佛祖的地方，就是现在布朗族西定村的所在地。

八百媳妇 《明史》记载："八百媳妇，元初征之，道路不通而还。"清《道光云南志钞》载："八百媳妇，元初，征之不下。"据《新元史》记载："八百媳妇者，夷名景迈，世传其长有妻八百，各领一寨，故名。"也有学者考证，"八百媳妇国"就是"兰那国"，意思是"百万稻田之国"，是13世纪至18世纪存在过的一个王国，我国史书称其为"八百媳妇"。

2 蜂桶鼓舞

蜂桶鼓舞主要流传于双江拉祜族佤族布朗族傣族自治县邦丙乡的邦丙、大南直、丫口、邦歪、邦况和大文乡的大南矮、大忙蚌、邦驮、忙冒等村寨，这些地方属于双江拉祜族佤族布朗族傣族自治县的布朗族聚居区。双江布朗族信奉万物有灵、崇拜祖先，信仰原始宗教。源于布朗族"创世纪"传说的蜂桶鼓舞最早就是用于祭祀活动"祭竜"时所跳的。明成化年间，南传上座部佛教传入，在傣族文化的影响下，蜂桶鼓舞吸收了象脚鼓、铓、镲作为伴奏乐器，形成了自己的"跳鼓"，同时也从原来的"祭竜"时跳的舞发展为在一年一度插花节及其他喜庆活动都跳的兼备祭祀、喜庆功能的舞蹈——"蜂桶鼓舞"。20世纪初至60年代为其发展的鼎盛时期，"文化大革命"时被当作"四旧"加以破除。20世纪80年代开始，政府部门逐渐重视该舞种，对其进行普查、收集、整理并搬上舞台。

蜂桶鼓是布朗族人与神灵对话、与自然和谐共处的神物。布朗族是我国古老的少数民族之一，也是双江主体民族之一，在漫长的历史发展中，他们创造了属于自己的文化艺术，独具特色的蜂桶鼓舞就是布朗族文化艺术的杰出代表。

相传，很久很久以前，天水倾泻人间，人类被洪水淹没。过了很久，天王诏树贡才发现，他命令天神嗒爬雅到大地上拯救和寻找幸存者，让人类得以重新繁衍和发展。嗒爬雅来到地球，遇到蜜蜂，蜜蜂说它知道哪里有幸存的人类，并为嗒爬雅引路找到了一对幸存的兄妹。蜜蜂也因寻找人类有功而受到天王嗒爬雅的嘉奖，让蜜蜂永远与人为伴。被嗒爬雅救出的兄妹就是今天布朗族的祖先。布朗人为感谢蜜蜂，就用空心树筒给蜜蜂做成了家，与人类居住在一起。蜜蜂也感谢布朗族人为他们提供了良好的生存环境，每天早出晚归为人类酿蜜、唱歌、跳舞。

为歌颂人类与蜜蜂这种和谐的生活，布朗族人仿照蜂桶的样子做成了蜂桶鼓，蜂桶鼓也因此成了布朗族人崇拜的神物。

蜂桶鼓的制作

布朗族的蜂桶鼓所需原料大部分为木棉树、牛皮。每年农历八月,在月黑的几天里(农历的月头月尾),由寨中50岁以上、属相为马或猪的男子去砍伐树木,并制成长45~50厘米、直径为28厘米左右的树筒,挖空树心,两端蒙上生牛皮,用牛皮筋将两端的鼓皮拉紧。这样,一个酷似蜂桶的布朗族蜂桶鼓就做好了。鼓棒用直径3~4厘米、长45~50厘米、两端裹上彩色布条的盐酸树做成。

蜂桶鼓舞的套路

蜂桶鼓舞最早是"祭竜"时所跳的,无其他伴奏乐器,基本舞步为三步舞、五步舞。随着南传上座部佛教的传入,受傣族文化的影响,逐渐融入了象脚鼓、铓、镲等打击乐器,使蜂桶鼓舞更具观赏性、更富表现力。舞种分别有三步舞和五步舞。

蜂桶鼓三步舞　第一拍至第三拍:做起步动作。第四拍:前半拍右手屈肘向上抬起,后半拍右手向右外侧划圈击鼓,同时右腿向前踢出25度,左腿微屈膝。第五拍:前半拍右腿收回原位,右手屈肘向上抬起,后半拍右手向右外侧划圈击鼓,同时右腿向前踢出25度,右腿微屈膝。第六拍:做第四拍动作。第七拍:前半拍右腿向右侧上一步,同时向右转1/4圈,右手屈肘向上抬起,后半拍左腿向前上一步,同时向右转1/4圈,右手向右外侧划圈击鼓,双腿微屈膝,身向前俯。第八拍至第十一拍:做第四拍至第七拍动作。

蜂桶鼓五步舞　第一拍至第三拍:做起步舞动作。第四拍:前半拍右手屈肘向上抬起,后半拍右手向右外侧划圈击鼓,同时右腿向前踢出25度,左腿微屈膝。第五拍:前半拍右腿收回向右后踢出 25 度，右手屈肘向上抬起，后半拍右手向右外侧划圈击鼓，同时右腿向前踢出 25 度，左腿微屈膝。第六拍至第七拍：做第四拍至第五拍对称动作。第八拍：做第四拍动作。第九拍：前半拍右腿向左侧上一步，向右转 1/4 圈，右手屈肘向上抬起，后半拍左腿向前上一步，同时向右转 1/4 圈，右手向右外侧划圈击鼓，双腿微屈膝，身向前俯。

帕洁三步舞　第一拍至第三拍：做帕洁起步舞动作。第四拍：前半拍右手屈肘向上抬起，左手向后甩开。后半拍右腿向前踢出 25 度，同时左腿微屈膝，左手屈肘抬起，右手甩开。第五拍：前半拍右腿收回原位，右手屈肘向上抬起，左手甩开。后半拍左腿向前踢出 25 度，同时右腿微屈膝，左手屈肘抬起，右手甩下。第六拍：做第五拍对称动作。第七拍：前半拍右腿向右侧上一步，同时向右转 1/4 圈，右手屈肘抬起，左手甩下。后半拍左腿向前上一步，向右转 1/4 圈，右手甩下，左手屈肘抬起。

帕洁五步舞　第一拍至第三拍：做帕洁起步舞动作。第四拍：前半拍右手屈肘向右侧上方抬起，左手向后甩开。后半拍右腿向前踢出 25 度，同时左腿微屈膝，左手屈肘向右侧上方抬起，右手甩下。第五拍：前半拍右腿收回向后抬 25 度，右手屈肘向右侧上方抬起，左手甩下。后半拍右腿向前踢出 25 度，同时右手甩下，左手屈肘向左侧上方抬起。第六拍至第七拍：右腿收回原位做第四拍至第五拍对称动作。第八拍：做第四拍动作。第九拍：前半拍右腿向右侧上一步，向左转 1/4 圈，右手屈肘向右侧上方抬起，左手甩下。后半拍左腿向前上一步，同时向右转 1/4 圈，右手甩下，左手屈肘向左侧上方抬起。

蜂桶鼓舞的分类

蜂桶鼓舞可分为两大类，即祭祀类和喜庆娱乐类。

祭祀类　布朗族的蜂桶鼓能与万物及神灵对话，所以举行最早的原始崇拜"祭竜"时必须敲响蜂桶鼓，边敲边跳，意为向神祈求平安，保佑布朗山寨人畜兴旺，风调雨顺。

喜庆娱乐类　这类舞蹈是布朗族群众在寨子的所有道路或广场上排成单行或两行跳的一种舞蹈，基本步伐分三步、五步两种。跳舞时由两名青年男子各执一条"帕洁"在前面"领路"跳"帕洁舞"。其后是蜂桶鼓队，鼓的数量为 4 只或 6 只。再就是象脚鼓、铓、镲等伴奏乐器队。最后是跟着的群众。当舞队行进至宽敞的场院时，围圈而跳。后发展为每年"插花节"必不可少的喜庆舞蹈。如今每逢节庆，蜂桶鼓舞作为娱乐活动不可缺少的重要内容而倍受双江人民的喜爱。

表演传统的布朗族蜂桶鼓舞，表演者必须身着布朗族的传统服饰，故蜂桶鼓舞是充分展示布朗族服饰的重要载体。布朗族崇尚黑色，所以服饰多以黑色为主色调。男子穿对襟短上衣，头裹黑色包头，戴银手镯。女子着紧身窄袖无领姊妹装短上衣，沿襟镶有花边，下穿较短小的筒裙，头裹左右两侧突出的黑色包头。戴银耳环、银项圈、银手镯，腰裹一条自织的两头抽穗的布腰带（帕洁），小腿裹黑色布块。男女多赤足。现男人或年轻人多着汉装，中年妇女的服装款式不变，只是布的颜色逐步向明快发展，有的用湖蓝色布料做上衣。

蜂桶鼓舞的传承以舞场为主，布朗族人从小就跟着长辈出入舞场，耳濡目染，自然而然就学会了跳此舞。长辈也对晚辈进行指点，但无严格的师承关系。2008年，蜂桶鼓舞被列入国家非物质文化遗产名录。

3 布朗弹唱

流传于云南省西双版纳傣族自治州勐海县布朗族村寨的布朗族弹唱，把布朗族的音乐、舞蹈、民俗、服饰等融为一体，节奏明快，风格独特，体现了厚重的文化底蕴和浓郁的民族特色。2008年，布朗弹唱经国务院批准被列入第二批国家非物质文化遗产名录。

布朗弹唱中的"索克里克罗"是谈情说爱的唱调。过去，不会弹琴唱情歌的人，往往难寻配偶，所以布朗族人还有"以歌为媒"之说。布朗弹唱一般为男女对唱，旋律清甜优美，歌词多反映男女相恋和爱慕之情，大多在劳作之余、喜庆佳节之际和男女交往时进行。男子边弹奏四弦琴边唱，女子唱相应的歌词。布朗族男女从青少年起就要学唱多种曲调，男子在十多岁时开始学习弹琴和唱情歌，女子也由母亲和姐姐教唱情歌。布朗弹唱旋律优美动听，歌词直抒胸臆，朴实明快，在布朗族地区具有广泛的群众基础和深厚的文化底蕴，有较高的艺术性，在当地自古就有"听歌要听布朗歌"的流行说法。

布朗族的民间歌曲有的清唱，有的以象脚鼓、铓、镲等打击乐器伴奏,在喜庆时节边舞边唱。最动听的是索调,索调有新索、老索之分,有的欢快明朗,有的平稳舒缓,其中的山歌、情歌,旋律优美流畅,歌词随意清新,歌头、歌尾多有衬词衬腔,格外活泼风趣,优美动听。

4 传承教育

布朗族传统文化的传承教育主要有四种形式,即家庭教育、社区教育、寺院教育和学校教育。

家庭教育

布朗族有语言无文字,因而关于本民族的生产生活经验及文化,在很长一段历史时期内全部靠长辈对晚辈口耳相传。即便学校教育进入布朗族人的生活领域后甚至到现今,以口耳相传的方式传授生活技能及传承文化依然在布朗族的现实生活中占有重要地位。家长的言传身教是每一个家庭新生命接受到的最初、最朴实、最持久,也是最重要的教育方式。火塘教育是布朗族家庭传统教育比较重要的组成部分。不管是在西双版纳、施甸,还是在双江,"火"是布朗族自然崇拜中普遍崇拜的对象之一,每年都有相应的与火神相关的祭祀活动。传统的布朗族民居中必设火塘,通常置于堂屋右侧靠墙处。火塘支有铁架,凡烧水煨茶、煮饭烤肉,都在火塘上进行。火塘是一家人的生活中心,不能轻易跨越而行,尤其是女性更不能从火塘上跨过。在那些尚没有通电的悠悠岁月里,火塘是全家人的光明所在;在冬日寒冷的夜晚,火塘给全家人带来无尽温暖。当夜晚来临，劳累整日的家人围坐在火塘边，除了闲聊，家中长者一般会给孩子讲述或吟唱本民族的一些古老传说和歌谣。其本意也许只是为了消遣时间、安抚、娱乐孩子，但实际孩子们在这种"耳濡"中接受了本民族的传统文化，慢慢对本民族文化有了一种文化认同感。长久以来，"火塘"在传承布朗族民族文化、强化本民族认同感及民族凝聚力方面具有极为重要的价值及地位。除去火塘教育之外，家庭教育的另一个重要部分就是围绕生活情境而展开的一系列有关生产生活技能、日常礼仪禁忌、待人接物等方面的口授身教。比如在孩子很小的时候，家长就让他们参与家务劳动，而后到田间地头劳作以学习谋生的基本技能，男孩学着如何饲养牲畜、种植庄稼、上山砍柴打猎、下河摸鱼捞虾；女孩学着操持家务、洗衣做饭、纺线织布、照顾小孩。与此同时，在社会生活中教给小孩社会规范及礼仪道德，例如在长辈入室或吃饭时，孩子要给长辈让上座；有客人来访，孩子要热情地招待客人入座，给客人倒茶；请客人吃饭时，孩子不能和客人一起用餐，要等客人吃好后，才被允许入席；等等。布朗族在生产生活中也形成了很多禁忌，这些禁忌主要由长辈随情景而实时讲给孩子，如家中的火塘是不能跨越的，火塘的上位是留给家中长者的，不能动竜林内的任何东西等。家庭教育在教授给孩子谋生技能的同时也规范了子女日常待人接物的行为，使其不仅能够立身于世，也知晓了生活的基本礼仪。家庭教育一方面为孩子们今后融入群体、立足社会打下了良好的道德基础；另一方面也使本民族的文化得以代代传承。

社区教育

社区教育是家庭教育的延伸，通过社区中人们之间互相交往和联系、社区公共空间中举行的各种仪式，布朗族孩童在亲身体验和实践这些活动中不断接受本民族关于民俗、宗教、伦理道德等传统文化的熏陶和感召，逐渐成长为一个能为本社区所认同接纳，同时自己也认同该社区文化传统的成员。社区教育形式多种多样，主要是各种婚丧嫁娶、节庆期间的群体性活动或仪式，在参与这些仪式或活动的过程中，布朗族儿童渐渐完成了其社会化的过程。如在施甸木老元，"打歌"是当地布朗族最喜欢，也是最常见的欢庆形式，不仅在每年农历二月初六有自己的打歌节，而且凡是过节或办喜事，"打歌"是必不可少的重头戏，不分男女老少，没有时间、人数及年龄等限定，只要愿意，都可以围场踏跳直至通宵达旦。很多布朗族孩子的第一次社交活动就是在打歌中完成的。许多尚在襁褓中的小孩被长辈带到打歌场，听着歌声不仅不闹人，有时还会和着节奏手舞足蹈。等稍大之后，孩子们参与到舞者队伍中，虽然还不会唱，但听着歌声，合着节拍，一举手一投足，慢慢就能跟上调了，现在木老元的许多打歌高手、民歌"皇后"就是从小受村寨打歌的熏陶而成长起来的。很多人的恋爱对象也是在打歌中认识的。在双江邦协，每年的插花节、开门节、关门节期间，全村老少齐出动，绕着寨子跳蜂桶鼓舞、对歌等，孩子们在欢庆的过程中不断学习，逐渐成长，传统文化就这样在他们成长的过程中被传承了下来。在西双版纳布朗族山寨，布朗弹唱成了布朗族青年男女完成社会化的一个重要媒介。

社区教育的另一个重要组成部分是宗教教育，通过各种宗教仪式，感召群体心灵，强化民族群体意识。邦协的"祭竜"仪式得到了较好的传承与保留，每年的"祭竜"仪式不断强化邦协布朗族远古传承下来的关于人与自然和谐相处、对大自然怀有敬畏之心的这种意识，规范着村寨村民的行为举止，这种民族情结在增强社区凝聚力的同时也较好地保护了生态环境。时至今日，邦协村后的"竜林"生态依然被保护得极为完好，彰显了宗教教育的力量。施甸木老元的"接木龙"是每年最为重要的宗教祭祀活动之一。每年农历正月初二，寨中长老率领全村寨男女老少齐聚于村外的"龙井"边焚香烧纸，设案祭祀，祈求木龙吐水，大地滋润，给村民带来好收成。在这种群体性仪式中，村民生活空间得到了拓展，人与人之间的联系与交流得到了加强，特殊语境下产生的宗教情感增强了群体认同感与安全感。"桑衎"节是西双版纳布朗族一年一度最盛大的传统节日，"桑衎"即"过新年"，时间在傣历六月中旬，庆祝活动一般持续4天。节日期间，村民们杀猪、宰牛，制作丰盛佳肴，邀请亲朋好友共庆佳节。同时，人们还到佛寺赕佛、滴水，祈祷新的一年平安、幸福。未成年人从这些宗教活动中了解了本民族的信仰、民俗，并在成长中逐渐将其"内化"。

各种日常仪式也是社区教育的一个重要组成部分，如布朗族传统婚礼有一套基本程序，各地略有差异。施甸新娘出嫁前的一系列仪式中，哭嫁最有特色。"不哭喜不出"，许多女孩很小就要随母亲或姐姐去观摩村寨出嫁新娘的"哭嫁"。在哭

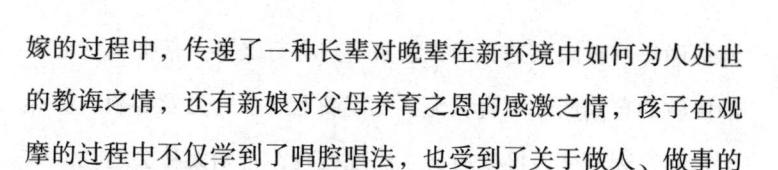

嫁的过程中，传递了一种长辈对晚辈在新环境中如何为人处世的教诲之情，还有新娘对父母养育之恩的感激之情，孩子在观摩的过程中不仅学到了唱腔唱法，也受到了关于做人、做事的启迪。此过程对孩童起到很好的现身说教作用。

形式多样的社区教育，内容丰富多彩，在寓教于乐中，既娱乐了孩子的身心，也培养了成员之间的团队协作、互助互爱精神。各种仪式对社区成员的举止行为起到了引导及规范作用，极大地增强了民族认同感和社区凝聚力。

寺院教育

施甸布朗族受汉族影响较大，历史上曾信仰过佛教，但规模不大，存留时间不长，因而寺院教育在木老元布朗族彝族乡布朗族的日常生活中并没有太大痕迹。西双版纳及双江的布朗族受傣族影响较深，因而村村全民信仰南传上座部佛教，至今很多村寨依然保留佛寺，有些佛寺为后来重建。据《双江教育志》记载：明成化十六年（1480），耿马土司属官罕廷发派人从孟肯（缅甸掸帮景栋）请来佛爷，传授上座部佛教，双江勐勐以傣族为主开始兴起宗教文化教育。邦协布朗族一直以来受傣族统领，因而几乎全村信仰佛教。寨中曾有一座缅寺，新中国成立后的学堂就设于寺内，目前邦协村内60岁以上进过学堂的人都有在村中缅寺上学的经历，但该寺在"文革"时期被毁。1978年后，上座部佛教逐渐恢复，经过多方筹办，又在村口重建缅寺一座。这座缅寺在附近村寨很有名，佛教节庆日周围的村民都到邦协的缅寺来举行活动。西双版纳的布朗族村寨的缅寺更为常见，且历史悠久，节庆日到缅寺赕佛，听佛爷诵经、看滴水是布朗族家家户户必行之事。信仰南传上座部佛教的布朗族人一直认为：凡年满七八岁的男童必须入佛寺当和尚，读经文，接受教义、法规教育，否则无社会地位。因而西双版纳、临沧双江等地的布朗族，家里男童年满七八岁时大都被送入缅寺当和尚，否则被别人看不起，这一习俗至今仍保留。当和尚长则3~5年，短则1个月，现在已经缩短为3~7天。寺内的长老、佛爷是教师，和尚是学生，主要读经文、教义，学有长进达到"五戒"要求的，升为佛爷。佛爷接受长老关于经典、礼仪、神画、冥物制作等的传授，学达、识博、品优者晋升为长老，长老精通傣文。和尚初识傣文，回俗后能用傣文的很少，但也成为社会中有地位的人。如果没有当和尚的经历，在社会上将无法立足。男孩进入佛寺，要系统地

双江邦协布朗族佛寺

学习傣文、佛教教义、法规，因而从一定程度来看，寺院教育是布朗族传统教育中比较正规的、有组织的、有计划的一种教育形式，虽然教育内容单一且经年不变，但在某种程度上佛教的宗教文化依然发挥着社会整合及教化的功能，使全村的信徒能够构成一种"宗教语场"，结成一种特殊且牢固的宗教关系，从而产生一种有力的宗教情感，淳化民风，有利于布朗族的稳定与团结。

学校教育

清末民初，双江布朗族地区始于明朝的寺院教育随着历史的发展而有所衰落，学校教育开始萌芽，一些布朗族聚居村寨逐渐兴办起私塾和蒙童学堂。1905 年，邦协村始办蒙童小学堂，1909 年前后，又改成土民小学堂，由官方派人管理学校的经费拨款、聘用教师及一切学校业务。只有少数布朗族男童入校学习。学校所有学生不分年龄大小合为一堂授课，没有班级之分，教学内容与时间由教师自行决定，教材主要是《三字经》、《百家姓》、《千字文》、《幼学琼林》、《千家诗》、《古文观止》及"四书""五经"等，教学中强调读写。1909 年后各校课程设置有所增加，然在具体实施中因教师而异，一般开设修身、读经、国文、体操、算术（含珠算）五门课，但教材缺乏。1929 年，南京国民政府废止私塾，推行国民义务教育，学制 2～3 年不等，课程设公民、国语、算术、体操等。至 1948 年，整个双江县只有 10 余名布朗族小学生毕业。布朗族社区的学校机构较施甸其他社区出现得相对较晚，清末至民国时期开始有私塾出现。有具体时间记载的是 1932 年，木老元乡哈寨出现了第一所私塾,由哈寨布朗族文化人阿新和任塾师。私塾招收布朗族学生12人,教师报酬是学生每人每年交纳的70斗谷子、70斗玉米。1935年,摆榔乡有私塾一所,学生20人。1940年,开办国民短期小学,教师1人,学生35人。1940年,阿新和的学生杨春早在哈寨又办了一所私塾。1948年,木老元乡开办私塾一所。1946年,在另一个布朗族村寨姜寨也出现了私塾。西双版纳勐海县在民国年间,就有民国政府因推行"边地教育"而开办的"国民学校"16所,32名教师,28个班,1150名学生。

中华人民共和国成立后,人民政府非常重视教育,相继在布朗族地区开办了各级学校,解决了布朗族地区没有专门学校的问题。从20世纪80年代中期开始,云南省政府颁发了一系列有关加快普及九年制义务教育的文件,布朗族地区的教育事业得到了长足发展。学校教育从无到有,从小到大,已经形成了从幼儿园到小学、中学、中专和职业教育共同发展的格局。从2000年开始,云南省政府实行教育"三免费",布朗族地区的教育事业得到空前发展。

五 古迹胜景与风云人物

1 遗址文物

遗址

忙怀新石器遗址 位于云南省临沧市云县(爱华镇)县城东边约40公里处的忙怀乡境内,地处澜沧江中游,分布在顺甸河与澜沧江交汇处的半山腰上。该遗址因发现于云县忙怀乡而得名,主要包括旧地基遗址和曼干遗址。该遗址于1974年被云南省博物馆文物工作队探测发掘,旧地基遗址东西长130米,南北宽120米,面积约1.56万平方米。在约1米厚的文化层里,发掘出了石斧、石网坠、印模、陶片、石砧等文物。石器均是用鹅卵石打制成的钺形肩石斧和靴形肩石斧;陶器多是罐子类,包括夹砂灰陶和夹砂红陶。陶器上的纹饰,有素面、绳纹、乳钉纹等。以用砾石石片打制而成的有肩石斧为特征的忙怀新石器文化,是澜沧江中游地区新石器文化的代表，是云南省新发现的一种文化类型。这种文化类型在澜沧江中游的临沧地区有大量分布，在上游的保山、怒江及下游的西双版纳等地均有较多发现。

忙怀新石器遗址出土的新石器

因遗址正处于古代"百濮"民族活动范围内，故有很多学者提出是布朗族等民族先民的文化遗址，但也有人认为它属于"百越"或"氐羌"系的文化遗址。

凤庆孟府遗址 凤庆县原为蒲满地，元泰定年间设立知府，任命蒲满土酋孟氏为知府，孟氏家族数代担任此职，前后历经270余年。直至明万历二十六年（1598），奸官陈用宾、邵以仁、吴显忠设计陷害，时任凤庆知府孟廷瑞被革职灭族，孟氏家族就此衰落。孟府旧址在今凤庆县城麦地，已没有实物遗存。另外，今凤庆县新华彝族苗族乡牛肩山有孟氏石城，地处澜沧江边,是当年孟氏军事驻防要地,现石城尚存部分遗物。

艾棱(冷)故居遗址　艾棱是澜沧拉祜族自治县芒景村以及与之连成片的勐海县各地布朗族都十分崇敬的人。在当地的布朗族传说中,茶是艾棱留给布朗族后代子孙的。艾棱故居遗址位于今芒景村后山,历史上每年傣历九月上旬,这里的人们都要举行一次叫"夺"的隆重的祭祀活动,实际就是祭祀"蒲满王"艾棱的。这样的祭祀,景迈村及附近的傣族也必须举行,因为他们后于芒景村布朗族来到这里,是归属艾棱"管辖"的。

塘子沟遗址　《云南辞典》注:"蒲缥,一名蒲缥街。位于保山市西南33公里,保山市至腾冲县公路东侧。以东汉末年蒲族、缥族居此得名。历为市集,1958年设蒲缥公社,1984年改镇,今为乡。"在滇西至滇南广大地区,因"濮人"居住过而得名的地方很多,如"蒲满大田""蛮子城"等。1986年冬,考古工作者经周密策划和科学论证,对坐落在保山市蒲缥坝北端的塘子沟旧石器遗址进行大规模考古发掘。塘子沟遗址是"蒲缥人"的一个氏族聚居地,坐落在蒲缥坝北山南麓一相对高度约30米的台地巅坪之上,面积约2000平方米,当时是塘子寺山向东延伸的"半岛",地处蒲缥古湖之滨,三面环水,与众多的山峦台地隔水相望。考古发现:分属至少4个"蒲缥人"的古人类化石和同时出土的大量原始工具、动物化石等各类可资鉴定的实物标本2300余件,还有丰富的用火遗迹和我国迄今发现的最早的房屋遗迹。经碳

14测定及专家科学推断,遗址文物所属时代均在距今8000～7000年之前。也就是说,至迟在七八千年之前,保山乃至滇西高原就已成为人类繁衍生息的一方乐土。"塘子沟文化"因其丰富的内涵和突出的区域特征被学术界确立为云南境内继"元谋人文化"之后的第二个重要的史前考古文化,同时也是我国已知年代最晚的旧石器文化。其延续时代距今20000～7000多年。塘子沟遗址已知分布范围东起保山坝、西至蒲缥坝、南达姚关,均在澜沧江以西、怒江以东的怒山尾梢区域,1987年被公布为云南省文物保护单位。

塘子沟遗址

文物

双江石范 1980年,村民于双江拉祜族佤族布朗族傣族自治县大文胖品村邦驮橡胶地发现此器物,1982年捐献。双江石范,青石质地,外形呈梯形,长14厘米、宽8厘米、厚

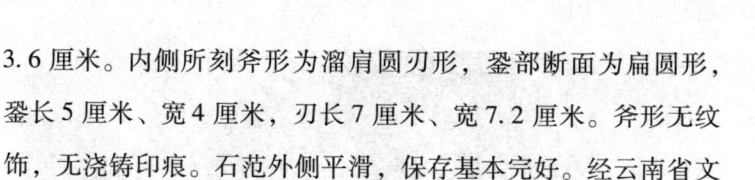

3.6厘米。内侧所刻斧形为溜肩圆刃形，銎部断面为扁圆形，銎长5厘米、宽4厘米，刃长7厘米、宽7.2厘米。斧形无纹饰，无浇铸印痕。石范外侧平滑，保存基本完好。经云南省文物管理委员会文物鉴定组鉴定，双江石范为三级文物，时代为战国。

澜沧江中游地区青铜器文物 云南古代"濮人"的主要生活区域在今昌宁县、凤庆县、云县、临沧市、双江拉祜族佤族布朗族傣族自治县等地。中华人民共和国成立后的六七十年，这里先后出土过很多青铜器文物，可分为十余类，即铜鼓、铜斧、螺旋纹青铜剑、人面纹铜刀、铜矛、铜剑鞘、铜锄、铜手镯、扁形铜盒及编钟等，数量在百件以上，而且大量文物被收藏于云南省博物馆，少量文物则被收藏于各县或地州文物保护单位。其中的有肩铜斧，不仅在分布点上与当地的忙怀新石器遗址为同一地域，而且在型制上有肩铜斧与忙怀石斧相差不大（个别的如出一辙）。这表明，它源自忙怀新石器文化。如果忙怀新石器遗址属于"百濮"民族的话，澜沧江中游地区青铜器可被认同为布朗族文化的源头。

2 人文景观

保山蒲满哨 保山蒲满哨在今保山市潞江镇坝湾村境内。高黎贡山东麓原有"蒲满"聚居的村落，明清时在此设哨卡，故名蒲满哨。

保山蒲满哨

公弄祭鼓山 双江拉祜族佤族布朗族傣族自治县公弄村南山脚下，距勐库镇约5公里的勐库河边，有一座独立的小山包（今为勐库华侨农场三队茶地）。此山古时为公弄村布朗族祭鼓的地方。所祭之鼓的大小是日常"蜂桶鼓"的10倍。

孟寅手迹 在凤庆县郭大寨乡琼英村境内，有一奇洞，洞口隐藏于绿树成荫的悬崖峭壁之下。洞口有"琼英洞天"四个大字，笔力苍劲雄健。根据《凤庆县志》记载，这四个大字是"蒲满"知府孟寅手迹。题字时间当为他任内的明嘉靖至万历年间。此四个大字，是目前所能确定的属布朗族先民遗留的文物之一。

蒲缥大磨 保山市蒲缥坝有温泉，其出水处岩壁上有一巨石，形似大磨，传说它原在高黎贡山山顶，而整个蒲缥坝原是一片热海。"濮人"和"缥人"在四周山上居住，日子很艰苦。一天，来了一位老人，他告诉大家，只要搬来高黎贡山上

孟寅手迹

的大磨,日子就会好过。于是人们搬来大磨,刚放在地上,它便自己滚下山去堵住热水洞,霎时水落,现出蒲缥坝来。

蒲缥大磨

双江渡口 位于大文乡邦驮村，距县城83公里，东与思茅景谷傣族彝族自治县隔澜沧江相望，南与澜沧拉祜族自治县和小黑江一水之隔，海拔669米，为双江拉祜族佤族布朗族傣族自治县海拔最低点。这里景色雄奇秀美，小黑江自西向东汇入澜沧江，形成一个"丫"字形。

神农祠 位于双江拉祜族佤族布朗族傣族自治县勐库镇北部南勐河上游，勐库大雪山万亩野生古茶树群落山脚下的古茶谷中心地带。祠内塑有一尊采用雪花白石雕制而成的炎帝神农塑像，高9.5米，基座9米，宽4米。对称建有两间传统民族风格房屋，左为茶展馆（从茶之源、茶之魂、茶之歌三个方面用54张图片展示双江勐库大叶茶原生地形象和茶叶产业发展情况），右为茶艺馆（在墙体上精心制作了一幅以反映双江拉祜族、佤族、布朗族、傣族饮茶习俗为主的壁画，高2米，长13.8米）。塑像基座四周及中心广场共铺贴大理青石板530平方米，从神农祠牌坊至炎帝神农塑像共有69级台阶。

千年古寨 西双版纳勐海县西定哈尼族布朗族乡有一个历史悠久的布朗族村寨——章朗，居海拔1330米的高山之巅，目前有240多户人家，1000余农户，全为布朗族。据说，2000多年以前，布朗族先民就迁徙定居于这里，那时，他们称这里为"景桑"，意为"祖先曾居住过的地方"。但据章朗古佛寺珍藏的《贝叶经》记载，章朗实为两寨合并而成，建寨历史当在1400多年以前。"章朗"为傣语，意为大象冻僵的地方。相传，1400多年以前，佛家弟子玛哈烘用大象驮着经书自斯里兰卡学经归来，当他来到恩巩跺多山（现章朗佛寺所在地）

时，由于正值冬季，又冻雨突降，大象竟被冻僵了，跪卧不起，附近村民闻讯赶来，帮助玛哈烘搜集薪柴，在大象周围燃起熊熊烈火，供其驱寒取暖，以助恢复。后来，玛哈烘因在此建寺立塔，便动员周围村寨的人们搬到现在的地址，组建新寨，取名"章朗"，以纪念大象驮经书之功。该村是西双版纳最大的布朗族寨子，也是布朗族历史文化保存最完整的寨子。布朗族的建筑、语言、服饰、生活习俗在章朗都得以完整保留。专家学者将它归纳为：千年古寨、千年古寺、千年古井、千年古茶。作为一个千年古寨，章朗至今还传承着古老的历史文化、生产活动以及民间习俗。寨内不仅有最古老的布朗族佛寺、几百年的古茶园和幽深浩渺的"龙山"森林，还有大象井、南三飘坟、仙人洞、古驿道、景桑古城遗址、虎跳峡、白水河瀑布等一系列自然与人文完美结合的景观。

千年古寺，据章朗佛寺的《贝叶经》记载，这座佛寺已经有1360多年的历史。它占地4亩，有一座佛寺、一间僧房、一座佛塔、一座藏经阁，阁内珍藏着100多卷《贝叶经》，整个佛寺建筑群具有独特的布朗族建筑艺术风格。

千年古井，即老象水井，章朗村外有一口具有千年历史的古井，位于章朗村西北方向。井口周长约5.5米，深约3米，水位长年不变，雨季不涨，旱季不干，一直保持原来的水位。水井周围是茂盛的树林。相传，释迦牟尼的弟子走到村前，天气炎热，大象口渴难忍，便用鼻子在地上钻出一口水井，人们称水井为"那么着章"，汉语意为：这口井一年四季从不干枯。

千年古茶，章朗村周围的原始森林里生长着野生型茶树，是章朗布朗族的祖先种植的，古茶树面积约有 700 亩。

2004 年，西双版纳傣族自治州政府在章朗村建立了第一个布朗族生态博物馆。

仙人脚迹 巴达村西北的西山隘口上有一巨石，巨石上有一个巨大的脚迹，传为仙人脚迹，巨石周长 12.25 米，长 4.1 米，宽 3.5 米，正面高度 1.1 米，背面高度 2.18 米。仙人脚迹长 1.2 米，宽 0.9 米，深 0.32 米。所以，巴达村因此而得名，意为仙人脚迹。

南糯山古茶园 南糯山在云南省勐海县东部，距县城约 30 公里，是西双版纳有名的茶叶产地，是云南省六大茶山之一。山上有古茶树 40 亩，树龄均在 300～800 年，南糯山最早什么时候开始种茶已不可考，但可以肯定的是，直到南昭时期，布朗族的先民还在此种茶。后来布朗族迁离南糯山，遗留的茶山被爱伲人继承。根据当地爱伲人的父子连名制可推算出他们已经在南糯山生活了 57～58 代，已经历 1100 多年的时间。南糯山古茶园应是布朗族所摘种、荒废遗留的茶园。这里生长着一株树龄超过 800 年的栽培型茶树王，树高 5.5 米，树幅 10 米，主干圆周 1.4 米，形状奇特，茶素含量达 30%，比一般栽培型茶树含量高，直至现在，茶树仍四季郁郁葱葱，因此南糯山被誉为"茶树王之乡"。南糯山以其 800 年栽培型古茶王树有力证明了"中国是茶树的原产地，也是最早利用茶树的国家"，而闻名于世。南糯山被当地人称作"云南古茶第一寨"。

布朗族生态博物馆 位于章朗村委会，2004 年 8 月立项建设，2006 年 1 月竣工，属中国首座布朗族生态博物馆，面积180多公顷，总投资50多万元。馆区内保存着布朗族最古老的村寨、佛寺、佛塔、藏经阁及热带雨林等原始生态环境，包括章朗古寨、龙山森林、古佛寺、布朗族文化交流展示中心、象顶塔等主体内容。还有象滑石、仙人洞、景桑古城遗址、白水河瀑布、仙女井等自然与人文结合的景观。

布朗族生态博物馆

3 历史人物

孟寅　明嘉靖至万历初年袭任顺宁土知府职。孟寅自幼聪颖好学，博学有大志。据《凤庆地方志》载：明万历初(1573)，顺宁府官孟寅就购置经、史、子、集巨著和创建"聚书楼"（万卷楼）。除此之外，在其任知府期间，还曾立下如下功绩：开凿天泽潭（大黑龙潭），该潭位于今凤庆县城东北乐平山，是凤庆县人工构筑的第一项蓄水工程；纂修《顺宁府志》，遗憾的是该书未能流传下来；题写"琼英洞天"四个大字于琼英洞口石壁，至今还清晰可见。

孟廷瑞 他从小豪爽任性，在前土知府孟寅在顺宁城创建的万卷楼中饱读苦学，后来其颇有才干。他成年后，先娶湾甸州土官景宗正之女为妻。结婚几年后，夫妻感情破裂，妻子便回了娘家，廷瑞割出勐峒地赡养。后来，廷瑞又娶大侯（云县）奉学女为妻，当时云县土官奉赦与弟奉学不和，廷瑞袒护奉学，导致奉家两兄弟经常争端不止，刀兵相见，社会不得安宁，老百姓怨声载道。到了明万历二十五年，即公元1597年，云南巡抚陈用宾得知顺宁、云州两地私泄不止，争斗不已，在各有奏报，请求查办后，随即委派澜沧江兵备道参将李先著、金腾副使邵以仁率都司吴显忠部到凤庆一同查办孟、奉两家之愤。在查办该案中，李先著先到凤庆，知府廷瑞误以为朝廷官兵进剿，心中彷徨，兵器随身，不敢松懈，连睡觉时也枕戈戒备。李先著在与孟廷瑞的见面交谈中，将其与大侯结仇互斗之事晓以利害。廷瑞听先著一番开导后，就叫儿子手持黄金千两和印信，并一同与其子跪拜于李先著面前，听候处理。起初李先著不愿接受千金和印信，但经廷瑞父子苦苦相求之后，担心廷瑞猜忌，才接纳献金，充作军用，并准予改过自新。邵以仁看到孟廷瑞府中养着一头珍贵的白象，暗中向孟廷瑞索贿不成，便以"通彝纳贿"之罪名诬陷李先著，并上诉巡抚陈用宾，都司吴显忠知道孟廷瑞有18代积蓄后，也胁迫行贿，廷瑞不从，吴显忠忌恨在心，便向巡按张应扬、巡抚陈用宾诬告孟廷瑞谋反，说孟廷瑞养有战象百头，要用战象踏平大明王朝。祸不单行，就在廷瑞被告谋反之罪时，其前妻之弟湾甸土司景从为报复前嫌，乘机派人化装冒充顺宁土著百姓，纵火烧毁澜沧江上的霁虹桥，并诬陷为廷瑞指使。云南巡抚陈用宾此时不辨真伪，就转报朝廷，将李先著逮捕，先著后死于狱中。同时，并奉旨征剿孟廷瑞。廷瑞为表其忠心，斩杀奉学，献子献印，最终不得解脱，一场被征剿的厄运就这样降临到他的头上，也降临到无辜的孟氏家族身上。1597年10月，邵以仁命吴显忠进剿，肆意杀戮土著居民，搜取孟氏18代积蓄无数。用计诱捕孟廷瑞父子，押解朝廷报捷，孟氏父子途中不幸毙命，孟氏所辖13寨不服，起兵反抗，被官兵剿除。在此次浩劫中，孟氏家族偷偷改汉、彝等民族，有的隐姓埋名改姓为字、杨、纪、蒋、张等并得到当地人的保护，得以幸存下来，有的向南迁逃，借以躲避，而大部分惨遭杀害。1598年，朝廷下旨，顺宁府（今凤庆）改世袭制为流官制，本地土著人不得担任当地行政长官，均由朝廷从内地委任，史称"灭勐安汉"。

依梅　光绪《顺宁府志·艺文志》载："旧志：夜（依）梅，传㷇人妇也。万历十二年缅甸木邦侵掠郡人，与战，军溃。依梅仗剑入阵，贼百余骑皆披靡奔遁。自是不敢犯境。"所叙之事为明万历十二年（1584），缅甸木邦酋长莽应里纠集陇川侵犯顺宁，攻陷府城，肆意焚掠。依梅为抗敌保家，和男子一起手持利剑，冲入敌阵，东冲西杀。她武艺高强，杀得敌人血肉横飞，丧魂落魄，仓皇而逃。因有依梅，敌人再也不敢来犯顺宁。

苏里亚（1919~1987） 一些文章称之为"布朗族末代头人"。曾用名岩三，出生在澜沧拉祜族自治县惠民哈尼族乡芒景上寨。苏里亚23岁时袭父亲头人的职位。1942~1943年，日本侵略军逼近今糯福乡边境，他带领拉祜族、布朗族、傣族等各族群众，在今糯福乡、南片河村、景迈乡、芒景等地挖断交通要道，砍倒大树阻拦敌人的进路，并积极组织本村群众，为抗日部队带路，1946年任本村保长。1983年加入中国共产党。苏里亚的父亲有渊博的傣文知识，是勐连宣抚司"召贺罕"所委任的"召仙兵"。苏里亚从小就常听父亲讲布朗族的故事和传说，以及天文地理常识，受父亲的影响很深。他还得到过武术高手的指点，习武擅术。他童年就入佛寺学习傣文和佛经。因为他天资聪颖，学习傣文和佛经进步很快，升任二佛爷后还俗回家从事农业生产，很快就精通农业知识，并掌握了编织竹篾的技术。1943年父亲去世，苏里亚继任"召仙兵"职务。新中国成立前夕，一部分布朗族上层人士逃往境外，而苏里亚不愿离开家乡，不愿离开自己的民族，他做出了跟着共产党走的决定。他任过民兵队长、村长，为解放军带过路，参加过平叛战斗。1950年，他参加了新中国成立后的首批西南少数民族参观团，到北京、上海、天津、南京、武汉、重庆等城市参观学习，受到毛泽东、周恩来、朱德等党和国家领导人的亲切接见。1951~1965年，他担任糯福区区长。先后任澜沧拉祜族自治县第一届至第三届政协委员，第五届至第七届政协主席，云南省第五届、第六届人大代表。

松溜曼峨（1894～1969）　俗名岩叫温，云南勐海人。爱国宗教人士。16岁时出家。他聪颖过人，很快他的佛学造诣就达到了其他僧人望尘莫及的程度，因而他在佛寺中的地位迅速提升。21岁时他升为二佛爷；22岁时又升为大佛爷（都比龙）；32岁时，已经是帕听（第三级）；38岁时升为沙弥（第四级）。1952年，松溜曼峨最终升为"松溜"（第六级教阶）。1956年11月，他成为西双版纳佛协分会筹委会副主任。同年12月，他又被中国佛教协会佛寺护寺团立为"阿呷木里"（最高教阶）。松溜曼峨是位爱国高僧。他爱教、爱国，在僧众和当地傣族、布朗族群众的心目中享有很高的威望。1969年6月，松溜曼峨圆寂，终年75岁。

4　当代精英

苏国文　1944年出生，芒景布朗族末代头人苏里亚之子，布朗族名"岩赛吧"，人称"布朗王子"，"苏国文"这个名字是父亲苏里亚取的，他还有一个活佛给取的名字，叫"赛帕南勐"，意为彩虹。他是布朗族山民的精神领袖。1964年他高中毕业后本打算进入中央民族学院继续深造，但因家庭成分，大学没有录取他，他便到山区做了一名小学老师。他任过小学副校长、县教育局成人教育股股长，在教育战线上工作了40年，懂五种少数民族语言和三种文字，因让山里的孩子认识到知识的力量，被族人称为"更丁"（唯一尊敬的人）。他致力于扫盲工作32年，让近10万同胞脱离文盲，由于他在拉祜族扫盲教育中成绩卓著,被聘为国际教科文卫组织的扫盲专家。曾获"全省先进教师""全国民族教育先进个人""全国先进扫盲工作者"荣誉称号。他还被聘为教育部设在西南师范大学的扫盲研究与培训中心的兼职研究员。在抓扫盲工作期间,他编写的汉文、拉汉文、佤汉文3版扫盲教材在全省范围使用。退休后他回到故土景迈山,遵从父亲遗愿,建学校、写史书、修寺庙,还组织起40多人的"古茶花艺术团",自编民族歌舞,农闲时到各寨子巡回演出。为了后继有人,苏国文又在小学里组织起一个"小古茶花艺术团"。苏国文通过各种方式保护与传承了布朗族濒临灭绝的历史与文化。

父亲第一件嘱托:在芒景布朗山建一所学校。为了完成父亲这一遗愿,苏国文在只有8万元启动资金的情况下,四处奔走筹资,耗尽心血,靠自己的影响力及执着坚守,终于在芒景布朗山建起一座设备较为完好、耗资近50万元的现代小学。父亲第二件嘱托:编写完《芒景布朗族史》。为了完成父亲这一遗愿,抢救保存濒临失传的布朗族文化,在当地史料所剩无几的情况下,四处探访,不远万里跑到缅甸寻找同族的历史记载,颇费周折,获准在缅甸掸邦木梗大寨佛寺抄书3天3夜,把《芒景村志》《帕哎冷传》《布朗族大事记》等一批珍贵的傣文史料抄回来,于2009年出版《芒景布朗族与茶》,该书以茶为主线,生动有趣地记录了布朗山茶的种植、管理、制作、贸易及其风俗,是一部不可多得的地方民族专史,具有较高的史料价值。父亲第三件嘱托:为布朗族茶神重建"文革"时被毁的寺庙。"帕哎冷",就是布朗族传说中的祖先、布朗族的茶神。为了重建"帕哎冷寺",在苏国文的四处奔走下,2004年帕哎冷寺动工修建,一年后主体工程大殿竣工,成为景迈各布朗族寨子里群众节日、宗教甚至娱乐聚会的场所。苏国文动员了布朗山寨的群众捐资献料,将祖先的塑像、原始的压茶饼工具、祭祀所用的面具、古老的布朗族日历等都陈列在寺庙中。当这座寺庙以崭新的面貌呈现在人们面前时,它不仅成为布朗族的精神家园,更成了一个对外展现布朗族文化的小型博物馆。

1994年,国际茶文化学者们将景迈古茶园命名为"茶树自然博物馆",认为景迈古茶园是中国的一项"国宝";苏国文再次准确把握了茶山发展的关键,在进行调查研究的同时,帮助村委会制定了《保护利用古茶园公约》,规范了古茶园的开发利用,"布朗王子"愈发有名,慕名而来的人们几乎都能从他身上得到所需——研究民族史的人在他身上找到了丰富的典籍;旅行者丰富了印象中的传说;而更多的茶人则把他当成了一棵根深蒂固、具有无限挖掘能力、时至今日依然荫福于人的古茶树!

岩香兰 本名岩香南,1952年生于云南勐海县布朗山新曼峨寨,是我国布朗族第一位书面文学作家。由他开始,布朗族文学翻开了崭新的一页。他7岁开始学习汉文,1974年进入云南大学历史系学习,毕业后先后在山区粮管所、县文化馆、县委宣传部、县文化体育局等部门工作,并任县委宣传部副部长、县文化体育局副局长等职。曾任云南西双版纳傣族自治州文联首届委员、云南省民间文艺家协会首任布朗族理事。

岩香兰自小在布朗山寨长大,从孩提时代起就受到布朗族民间文学的熏陶,熟悉布朗族民歌和故事。1974 年开始创作诗歌、散文、小说、报告文学,1979 年他发表了其搜集、翻译、整理的《小蛤蟆智斗三大王》,这是第一篇公开发表的布朗族民间故事。他的散文《土壤和花朵》以清新的笔调抒发了作者对新生命的礼赞,他凭借此文荣获 1981 年第一届"全国少数民族文学奖"。《金鹿姑娘》荣获云南省首次民族民间文学优秀作品奖。除此之外,他还创作了布朗族文学史上第一篇小说《南州赶街》。通过十余年的搜集、翻译整理,许多散落在布朗族民间的故事、歌谣、情歌等变成了文学作品,公开发表,并向世人展现出布朗族源远流长的文学瑰宝。他的主要代表作有:诗歌《布朗山河换新颜》《喜鹊飞遍村村寨寨》《是谁播下幸福种》;散文《土壤和花朵》《别致的婚礼》《养蜂老人》《南览江畔的明珠》;民间故事《金鹿姑娘》《虎蟹比赛》《鸡嗉袋果树为什么长不直》《穿山甲为什么没有牙齿》,以及哈尼族民间故事《游世桑爬》;小说《南丽赶街》等。岩香兰的作品充满了浓郁的民族特色,翻开了布朗族现代文学的新篇章。

俸春华 布朗族文学作者,乳名艾迪,笔名山仔。云南双江人。1952 年生于云南省双江邦协寨,1971 年应征入伍,参加中国人民解放军,1976 年复员,1978 年考入中央民族学院汉语言文学系,1982 年毕业后,先后在临沧地委农村工作部、双江县委、党史办、文化局等部门工作。文学创作包括诗歌、散文、小说、电影剧本等。著有《澜沧江畔布朗人》《双江——太阳转身的地方》《感谢菩萨》《猎头恨》等。他的文学作品创作风格鲜明，形式多样，常常直指民族文化的深层，带有一定的厚度，更注重揭示社会文化转型过程对布朗族人的影响。近年，退休后的他回到家乡邦协，自办茶厂，挖掘、传承即将失传的布朗族传统制茶技艺，致力于传统民族文化的保护与传承。

苏国荣 1942年出生，澜沧拉祜族自治县芒景布朗族末代头人苏里亚的长子。少年时期在芒景佛寺学傣文，后曾到北京中央民族学院学习。20世纪60年代中期以后在普洱市、西双版纳傣族自治州、澜沧拉祜族自治县从事民族工作。他单独或与别人共同翻译布朗族民歌，收载于《布朗族研究》、《中国民间情歌》（少数民族卷）。

冯朝良 他出生在临沧市布朗族山寨（出生年月不详），自幼听过许多故事。后致力于搜集、整理翻译布朗族民间文学。冯朝良搜集整理的民间故事有《百花仙女》《"蒸儿"的故事》《二十四个子女的故事》《喊爹鸟》《知了姑娘》《坎德故事》《大拽和小拽》《娜淀》《银子蛇》《拽坎治头人》《骗人害己的卡拽》《赊三不如现二》等，在《山茶》《临沧文艺》等杂志发表。他的辛勤搜集、整理，使落在民间璞玉般的布朗族民间文学放出奇光异彩，为布朗族传统文化的传承做出了贡献。

陶玉明 1966年出生，云南省双江拉祜族佤族布朗族傣族自治县人，布朗族，大学本科文化，先后在双江拉祜族佤族布朗族傣族自治县勐库镇、双江拉祜族佤族布朗族傣族自治县委党校、双江拉祜族佤族布朗族傣族自治县县委宣传部工作并任职；同时任双江拉祜族佤族布朗族傣族自治县文学艺术界联合会副主席、兼任双江拉祜族佤族布朗族傣族自治县布朗族发展研究会秘书长；为中国作家协会会员、中国少数民族作家学会会员、中国散文家协会会员。其作品先后在《人民日报》《云南日报》《文艺报》《民族文学》《边疆文学》等国家级和省级杂志发表，著有散文集《我的乡村》，散文作品《江边山》获中国作家学会《民族文学》杂志社举办的庆祝中华人民共和国成立60周年"祖国颂"征文比赛优秀奖。陶玉明长期以来致力于布朗族文化资料的收集、研究和整理，于2012年出版专著《中国布朗族》，该书是近年来全面系统介绍布朗族的一部力作。为世人了解、研究布朗族提供了宝贵的资源，具有重要的社会价值。

岩瓦洛 1959年出生，西双版纳傣族自治州勐海县打洛镇曼沙办事处曼芽村人。布朗族民歌（布朗弹唱）项目代表性传承人（国家级）。岩瓦洛从小喜欢布朗族民歌，16岁正式拜本村老艺人岩三为师，仅两年半时间就全面掌握了布朗民歌的传统唱法，并能弹唱布朗族的迁徙、祭祀、缅怀祖先等各种叙事、祝福的曲调，成为当地布朗人喜爱的歌手。布朗族青年谈恋爱时有对情歌的风俗，岩瓦洛经常被村里的年轻人请去当参谋，即兴编歌词，成就了不少美好姻缘。乡亲邻里盖新房、过年过节、办红白喜事也请岩瓦洛去唱，他总是欣然前往，从早唱到晚。由于岩瓦洛歌唱得好，唱词丰富，即兴演唱能力强，深受群众欢迎，就连境外的布朗族也慕名前来邀请他去演唱，成为有较高知名度的民间歌手。岩瓦洛曾多次应邀参加乡、县、州的各种文艺活动，多次获奖。2000年、2004年两次参加西双版纳傣族自治州举办的六国艺术节表演；2002年参加西双版纳傣族自治州第三届少数民族民间曲艺展演，获二等奖；2002年他和徒弟玉喃坎的两首情歌对唱被收录于《版纳民歌集》，在民间广为流传。2003年8月中央电视台对他进行了采访报道。2008年他被认定为国家级传承人之后，致力于布朗族文化的保护及布朗弹唱的传承，自己出资在自家开办"布朗族博物馆""布朗弹唱传习所"，免费培训布朗族青年子弟，同时积极参加县政府组织的各种布朗弹唱培训班，向广大培训班学员传授布朗弹唱技能。同时，他带领家人代表县、州积极到省城、省外、北京进行演出，全力弘扬布朗弹唱。

岩宝　1964年生，勐海县打洛镇曼夕村人。布朗族民歌（布朗弹唱）项目代表性传承人（省级）。岩宝自幼喜欢唱歌、跳舞，1980年拜岩地星（勐海县打洛镇曼夕村人）为师，开始系统地学习布朗民间弹唱、民间舞蹈。岩宝好学、勤奋，加上自身的灵气，技艺日趋成熟，在各级文艺演出中多次获奖。1982年10月，在全州少数民族剧汇演中，自编自演《智擒》，获全州民族剧汇演第二名；1991年2月，在昆明举办的中国第三届艺术节表演中荣获二等奖；1991年10月，在全州农村、农场文艺调演中自编自演的《酒后欢歌》获创作奖；1997年6月，在西双版纳首届"旅游杯"卡拉OK大奖赛中荣获三等奖；1996年10月在勐海县首届职工业余卡拉OK大奖赛中荣获"特等奖"；1997年3月，在第三届全州章哈表演中荣获"特别表演奖"……岩宝在多年的演唱中，深深感到本民族文化的精湛、优美，自己有责任去承传、保护。于是，1990年他创办了民间艺术培训班，学员达500多人，分布重庆、成都、新疆、厦门、郑州、北京、浙江、杭州、苏州、西安、内蒙古等地。1993年10月，岩宝的两位布朗族学生玉香儿、玉站英参加全国少数民族之花评比，荣获布朗族"金花""银花"（冠军与亚军）大奖。玉香儿与他人配合演出的、由岩宝创编的歌曲《阿妹，你可知道我是谁》在上海演出轰动一时，被新闻媒体称为"原始森林中的百灵鸟"。1998年5月，岩宝创办了"西美艺术团"，在成都南充市"红五月艺术灯会"邀请演出中和在TCL王牌彩电歌手大赛中获特等奖，被赞誉为"民歌大王"。不幸的是，这位才华横溢的"布朗歌王"因病英年早逝。

岩坎应　生于1947年4月，原住西双版纳傣族自治州勐海县打洛镇曼山村委会大曼芽村，现住新曼芽村。布朗族武术文化省级传承人。岩坎应曾入佛寺当过和尚，后还俗。他自幼喜爱布朗族武术，1969年跟着师傅岩三别学习棍术、拳术、刀术。由于他勤奋好学，刻苦练习，悟性较好，两三年的时间就掌握了布朗族武术的要领，并能进行表演，1972年正式出师。出师后一直活跃在打洛镇，他表演的武术技艺娴熟，深受布朗族群众的喜爱，在当地布朗族村寨和周边地区有较高的知名度。岩坎应表演武术时，身着传统民族服装或生活装，伴奏乐器为长鼓或短鼓、锣、镲等，表演道具为木棍、钢刀或徒手（拳术）。由于他的技艺较好，表演认真，长期坚持表演，已成为当地布朗族武术文化的传播者，还是打洛镇的文艺演出骨干。如今，布朗族武术后继乏人，仅有其孙子岩三帕跟随学艺。

玉喃坎 1977年12月生，西双版纳傣族自治州勐海县打洛镇曼山村委会曼芽村人。她自幼喜欢唱歌，11岁开始拜本村民间歌手玉苏罕和岩瓦洛为师。通过三四年的刻苦学唱，全面地掌握了布朗族的各种悲欢离合、迁徙、祭祀、祝福等各种不同内容的传统民歌和演唱技艺，经常在本村及周边的各种集会、节日、喜庆活动中进行演唱。她曾多次应邀参加州、县的各种文艺活动并获奖，2003年、2007年接受中央电视台、北京电视台采访，与师傅岩瓦洛的两首情歌对唱收录在《版纳民歌集》CD光碟出版发行。2008年她被评选为北京奥运会民族形象大使并参加了奥运会的祈福活动。玉喃坎是群众公认的本民族传统文化活动的代表人物，在全州有很大的影响力和知名度。现收徒弟4个。上有师傅授艺，下有徒弟传承，处于关键的传承地位。2005年她被州人民政府公布为第一批州级非物质文化遗产传承人；2009年成为省级布朗族传统音乐传承人。

胡明学 1960年出生于具有"勐库大叶种茶之乡"美名的双江拉祜族佤族布朗族傣族自治县邦丙乡邦丙村一户布朗族农民家庭。1979年参加全国高考进入临沧师范学校学习。1985年考入中央电视大学在临沧教育学院开设的汉语言文学专业电大班，脱产学习两年后取得大专文凭。1995年参加全国成人高考，进入中央党校政法专业本科班，取得本科学历。2008年考入云南省委党校在职研究生班法律专业，2010年取得研究生学历。胡明学于1981年师范学校毕业以后，被分配回自己的母校邦丙小学任教。1987年，胡明学取得大专学历后，被调到邦丙中学担任教导主任和任课教师，由于工作成绩斐然，同年10月被任命为县教育局副局长，在任期间致力于本县教学质量的改进与提高，成效显著。2003年，胡明学从双江拉祜族佤族布朗族傣族自治县县委副书记任上调临沧行署民族宗教事务局担任党组书记、局长。同年8月，调任云南省侨办担任副主任至今。他是家乡布朗族父老的骄傲。

俸继明 1956年出生，第三批国家非物质文化遗产民间舞蹈传承人（2009年公布）。双江拉祜族佤族布朗族傣族自治县大南直村人，他对"布朗族蜂桶鼓舞"（2008年被列入国家非物质文化遗产名录）无比热爱，曾说"蜂桶鼓一打起来，村里就会有好事。老一代人把生命融入舞蹈里，我这一代人要像爱护眼睛一样爱护它"。自从成为国家级传承人后，他更是把全部身心投入到传承蜂桶鼓舞的事业中，村村寨寨都有他的徒弟，多次带领大南直布朗蜂桶鼓队赴省城和省外演出，向人们展示了本民族独特的文化艺术风采。

鲁明秀 1962年出生，双江县邦丙村人，14岁开始向长辈学习纺织技艺。几十年一直坚持纺线织布，如今既是纺织能手，又是染织品的制作、操作能手。她纺织的布朗族服饰有短衫、筒裙、大脚裤，工艺用品有牛肚被、背带、床单等，如今已经远销昆明、北京、香港、台湾等地。曾被中央电视台12频道和云南电视台1频道记者专题采访报道，在当地有较大的影响力。她被公布为省级纺织技艺传承人。

主要参考文献

1. 布朗族简史编写组：《布朗族简史》，民族出版社，2008。
2. 黄彩文：《仪式、信仰与村落生活》，民族出版社，2011。
3. 杨毓骧：《布朗族》，民族出版社，2004。
4. 云南省编辑组编《布朗族社会历史调查》（一、二、三），民族出版社，2009。
5. 陶玉明：《中国布朗族》，宁夏人民出版社，2012。
6. 郗春嫒：《社会变迁与文化传承》，社会科学文献出版社，2013。
7. 俸春华：《澜沧江畔布朗人》，云南民族出版社，2003。
8. 彭桂萼：《双江一瞥》，双江县府发行，1936。
9. 双江拉祜族佤族布朗族傣族自治县志编纂委员会编纂《双江拉祜族佤族布朗族傣族自治县志》，云南民族出版社，1995。
10. 常璩著，刘琳校注《华阳国志校注》，巴蜀书社，1984。
11. 秋道智弥、尹绍亭：《生态与历史：人类学的视角》，云南民族出版社，2007。

12. 《布朗族简史》编写组编《布朗族简史》,云南人民出版社,1984。

13. 思茅行署民族事务委员会:《布朗族研究》,云南人民出版社,1991。

14. 王春晖:《布朗族》,新疆美术摄影出版社,2010。

15. 王宪昭:《中国各民族人类起源神话母题概览》,民族出版社,2009。

16. 云南省民族事务委员会:《布朗族文化大观》,云南民族出版社,1999。

17. 李子贤:《云南少数民族神话选》,云南人民出版社,1990。

18. 陈开心:《布朗族祭竜》,《今日民族》2012年第5期。

19. 陈开心:《双江布朗族的婚姻习俗》,《今日民族》2005年第3期。

20. 黄彩文、杨文顺:《布朗族拜认干亲习俗与人际关系网络的构建》,《学术探索》2007年第2期。

21. 李杰:《布朗族民族文化及其特点》,《黑河学刊》2012年第7期。

22. 杨洪、赵泽洪:《布朗族丧葬习俗研究》,《文山学院学报》2012年第1期。

23. 杨竹芬、苏红斌:《布朗族与汉族丧葬习俗比较——以双江自治县邦协布朗族村为例》,《鸡西大学学报》2010年第6期。

24. 杨竹芬:《论布朗族原始宗教与伦理道德的关系》,《黑河学刊》2010 年第 6 期。
25. 张海珍、薛敬梅：《从布朗族祭祀茶祖看盟誓文化的民族性》，《西部学刊》2013 年第 10 期。
26. 赵瑛：《从婚姻家庭看布朗族妇女的社会地位》，《云南民族学院学报》（哲学社会科学版）2002 年第 4 期。

后　记

在全体编撰人员及责任编辑的共同努力下,《布朗族史话》经过多次校对、修改并完善终于得以正式出版。作为大型系列文化丛书《中国史话》的组成部分,本书的面世是作者团队对布朗族研究的一项新成果,标志着该团队在布朗族研究方面又取得了新的进展。作为本书的主编,我甚感欣慰。

布朗族是我国境内目前仅有的3个孟高棉语族中的一个无文字、跨境而居的古老民族,主要分布在云南省西双版纳傣族自治州的勐海县,其次散杂居于西双版纳景洪市和云南省临沧地区的双江、永德、云县、耿马及思茅地区澜沧、墨江等县,属于我国众多民族中的人口较少民族,使用属南亚语系孟高棉语族佤崩龙语支的布朗语,部分人会讲傣语、佤语或汉语。由于没有本民族文字,对该民族丰富的口传历史传统文化的深入研究就显得极为迫切且重要。

《布朗族史话》系统而生动地介绍了布朗族的历史源流与人口分布、生计方式与衣食住行、宗教信仰与风俗习惯、文学

后 记

艺术与传承教育、古迹胜景与风云人物。这部书的执笔人均为多年从事布朗族研究的科研人员及高校教师，全书共分为五个部分，各部分执笔人分别是（排名不分先后，按章次顺序排列）：李丽执笔第一部分；张艺执笔第二部分；赵永伦执笔第三部分；郗春嫒执笔第四部分和第五部分。

按照出版要求，本书成书要求8万字左右。要用这么短的篇幅把布朗族社会发展的历史囊括进去，对编者来说是一次挑战。令人高兴的是，经过作者团队的共同努力，我们终于完成了本书的编写。在写作中，我们秉持"史话"特点、遵循深入浅出的原则，在体现"知识性"的同时，更强调普适性、可读性，以期在充分展现布朗族历史文化的同时，能够让更多的读者了解布朗族独特而丰富的文化。然而，由于编者学识水平所限，书中缺陷遗漏在所难免，敬请读者不吝赐教。

郗春嫒

2016年2月

史话编辑部

主　　任　袁清湘

成　　员　（以姓氏笔画为序）
　　　　　王　和　王　敏　王玉霞　李艳芳
　　　　　杨　雪　杜文婕　连凌云　范明礼
　　　　　周志宽　高世瑜

行政助理　苏运才

图书在版编目(CIP)数据

布朗族史话/郗春嫒主编. —北京：社会科学文献出版社，2016.4
(中国史话)
ISBN 978-7-5097-8651-2

Ⅰ.①布… Ⅱ.①郗… Ⅲ.①布朗族-民族历史-中国 Ⅳ.①K286.1

中国版本图书馆 CIP 数据核字（2015）第 312529 号

"十二五"国家重点图书出版规划项目

中国史话·文化系列
布朗族史话

主　　编／郗春嫒

出　版　人／谢寿光
项目统筹／王玉霞　　责任编辑／王玉霞

出　　版／社会科学文献出版社·史话编辑部（010）59367143
　　　　　地址：北京市北三环中路甲29号院华龙大厦　邮编：100029
　　　　　网址：http://www.ssap.com.cn
发　　行／定制出版中心（010）59366509　59366498
　　　　　市场营销中心（010）59367081　59367018
印　　装／三河市尚艺印装有限公司
规　　格／开　本：889mm×1194mm　1/32
　　　　　印　张：5.25　字　数：111千字
版　　次／2016年4月第1版　2016年4月第1次印刷
书　　号／ISBN 978-7-5097-8651-2
定　　价／25.00元

本书如有印装质量问题，请与读者服务中心（010-59367028）联系

▲ 版权所有 翻印必究